依据教育部《中小学生环境教育专题教育大纲》编写

国家环境保护模范城市推荐教材

环境教育 第二版

高中一年级（下册）

环境保护部　组织编写

中国环境出版集团 · 北京

图书在版编目（CIP）数据

环境教育.高一.下/环境保护部编.—2版.—北京：中国环境出版集团，2015.3（2021.1重印）
ISBN 978-7-5111-2284-1

Ⅰ.①环… Ⅱ.①环… Ⅲ.①环境教育－高中－教材 Ⅳ.①G634.981

中国版本图书馆CIP数据核字（2015）第051646号

本册编委会

主　　任：潘　岳　　副主任：陶德田　李　蕾
主　　编：王　民　　副主编：蔚东英
编写人员：杨　洁　韩　洁

出 版 人　武德凯
责任编辑　葛　莉　董蓓蓓
责任校对　尹　芳
设计制作　杨曙荣

出版发行　中国环境出版集团
（100062　北京市东城区广渠门内大街16号）
网　　址：http://www.cesp.com.cn
电子邮箱：bjgl@cesp.com.cn
联系电话：010-67112765（编辑管理部）
010-67113412（教材图书出版中心）
发行热线：010-67125803　010-67113405（传真）
印　　刷　北京中科印刷有限公司
经　　销　各地新华书店
版　　次　2004年7月第1版，2015年12月第2版
印　　次　2021年1月第10次印刷
开　　本　787×1092　1/16
印　　张　4
字　　数　80千字
定　　价　9.80元

第二版前言

环境教育教材已使用十多年，收到了良好的教育效果。随着环境问题的日益复杂化，我国把环境保护提升到空前的高度。环境保护的新技术不断涌现、新政策法规相继出台，环境教育教材的内容开始显得已陈旧过时了，本版教材做了全面的修改。再版修订主要有以下三个方面：

（一）生态文明的理念贯穿整套教材。生态文明是人类社会文明发展的一个新阶段，即工业文明之后的文明形态，生态文明是以人与自然、人与人、人与社会和谐共生、良性循环、全面发展、持续繁荣为宗旨的社会形态。以生态文明为基本理念编写的新版教材更加符合现代社会发展的要求。

（二）以社会可持续的、和谐的发展为基本内容。本版教材保持“环境与生态、环境与文化、环境与科技、可持续生产与消费、绿色生活”五大板块，内容全面，不局限于环境本身，而是从社会的角度来讨论环境问题，具体就是从生态、文化、科技、生产与消费及生活等方面来分析。这也是国际环境教育发展的趋势，即从环境教育向可持续发展教育迈进；这种迈进，更加符合现代社会对环境教育的要求，更加有利于培养学生全面地、综合地、实事求是地看问题。

（三）立足于培养学生的社会责任感，强调培养学生从思考到行动的能力。一方面，本版教材选取了大量最新的社会现实案例、时事热点新闻、政策法规，让学生结合这些真实的材料进行思考、讨论，逐渐形成负责任的环境意识。另一方面，本版教材遵循价值观教育的方法，讲事实、摆材料，没有生硬的说教，这从教材的编写体例就可以看出。本版环境教育教材的栏目设有“预习探究”“参与与展示”“习得与领会”“思考与行动”，始终强调学生的参与，力求克服社会上在环境教育方面存在的知行脱节、能说不能干的问题。

希望第二版环境教育教材能为推进中国的生态文明建设、提高学生的环境意识做出努力。

王　民

2015年1月5日

目录

模块一　环境与生态

第一课　生存之本——土地

珍惜土地资源　节约集约用地

我中华，好地方。地辽阔，富宝藏。
地物博，人均少。惜土地，是国策。
未批占，是违法。乱采挖，要处罚。
万物生，土地根。万物美，土是源。

——《珍惜国土资源三字经》

预习探究

中国土地资源的特点是总量大，人均占有量少；山地多，平地少；后备耕地资源匮乏。请通过下面的模拟实验，谈谈体会（有条件的学校也可以用电脑进行演示）：

演示：（1）取用10张A4的白纸（代表地球的表面积5.1亿km^2），分成两份，一份为A:7/10（代表地球上的海洋面积3.61亿km^2）；另一份为B:3/10（代表地球

目标

- 理解土地资源的利用类型和我国土地资源的基本特点；
- 反思人类活动对土地资源造成的破坏，以及对整个自然环境产生的影响；
- 关注身边的土地问题，并积极进行土地资源可持续开发利用的宣传。

的陆地表面积1.49亿km²），B相当于地球上所有的土地面积。

（2）将B份的3张白纸，每张对折5次，共分成96份。取其中的7份（C），约等于中国所占有的土地面积。

（3）将C份的7张白纸，每张分为15份，共分为105份。这105份白纸代表了中国的所有土地面积，并不是所有的土地都能被人类利用，目前有约30份是无法被人类利用的。在能被人类利用的土地中，牧草地有28份，林地有26份，耕地仅有13份，其他有8份。

（4）据粗略估算，世界上有1/3的土地存在土地退化。请你按照这个比例计算，有多少耕地受到了土地退化的影响，看看还剩下多少耕地。

（5）请把你的感受写下来，在课堂上谈谈你的感受。

参与与展示

活动：为土地荒漠化献良策

吉林省有大片丰美草原，但因自然条件变化，人类长期过度开发，导致草原退化，土壤盐碱化严重。关注吉林省存在的土地问题，探讨解决吉林省土地问题的措施。

农牧交错带的丰美草原

荒漠化土地及沙尘暴

（1）根据以下资料了解到吉林省的土地荒漠化现象很严重，这种现象能改善吗？有哪些改善方法？你认为应该由哪些部门来解决这里的土地问题？

长春西北100～200 km，有大片农牧业交错的丰美草原。可是由于过度放牧和开垦，盐碱累积在土壤中，引起土地荒漠化。20世纪末这里曾经有2.3万hm²的大区域荒漠化土地，每年爆发的沙尘暴令人们苦不堪言。

（2）阅读以下资料，有人认为通过生态草建设工程，可以完全解决土地荒漠化的问题。你认为可以依靠技术来根治一切环境问题吗？过度利用土地所获得的经济收益和恢复土地所花费的资金相比哪一个更多？

治理荒漠化最常用的对策是植树造林，然而这个方法在吉林收效甚微。2001年，吉林省政府决定由林业厅分两期实施生态草建设工程，第一期是2001—2005年，第二期是2006—2010年，两期共营生态草26.7万hm^2，致力于改善吉林西部荒漠化地区的生态环境。

生态草不是一种草，而是把数十种耐盐碱、耐干旱的草原植物依据生长规律组合起来，形成复合的生态草系统。用这种方法治理1亩[①]荒漠化土地，需要100元左右的资金投入；据估算，吉林省完成“生态草建设工程”的总投资多达数十亿元。

（3）下面资料中，草业公司在生态草建设工程中起到了什么作用？有人建议政府直接把草原承包给草业公司，让草业公司负责改良荒漠化草原。请评价这样做的利弊。

治理荒漠化草原需要大量的生态草种，这些草种需要经过科学配比，搭配成符合特定生态条件的生态草。一些企业在草原上开设厂房，专门从事草业种植、培育优良草种、草产品加工、干草出口，为生态草建设工程提供生态草种等。

改良草场生产的干草被用于牛羊饲养

1986年，吉林省农科院推出一项科研成果，通过杂交草的种植，可以有效改良荒漠化草原。但科研成果要求的技术水平较高，投入金额较大，一直推广不开。后来吉林一家草业公司应用该科研成果在1 000亩荒漠化草原上进行试验，效果很好，后来又发展到7 500亩试验地。最初试验时，草地到处都是碱斑，经过数年的投入改造，试验地已经完全恢复了，每公顷草原能产1.4 t优质羊草。通过改良草场，农户、牧民、企业都能获得经济收入。目前该公司的试验地已经扩大到22万亩，每年创造收益100多万元。

① 1亩=1/15hm^2。

（4）为什么生态草会受到多个省份的关注，并在多个地区开展实践？自2013年3月19日起吉林省政府废止《吉林省生态草建设管理办法》，请查阅相关资料，讨论为什么要废除这个管理办法。

随着吉林生态草工程的顺利开展，越来越多的省份开始关注生态草建设。内蒙古、甘肃、四川等省（区）纷纷关注草地的生态工程建设，恢复草地生态也许会成为治理荒漠化的好办法。《中华人民共和国草原法》于2013年6月29日修订通过，进一步完善和健全了对草原保护、建设和合理利用的法律制度。

习得与领会

一、土地的范围和分类

土地是指陆地表层一定范围内全部自然要素相互作用形成的自然综合体，是一定垂直厚度内的岩石、地貌、气候、水文、土壤、植物、动物和微生物的属性及其相互作用的结果，受到人类长期活动的影响。土地的水平范围包括陆地、内陆水域和滩涂；垂直范围取决于土地利用的空间范围。从农业生产考虑，土地的垂直范围是土壤母质层到植被冠层；从工矿土地利用考虑，土地的垂直范围是从地下的岩石层到地上建筑的顶部。

土地资源的分类有多种方法，中国普遍采用的是地形分类和土地利用类型分类。如

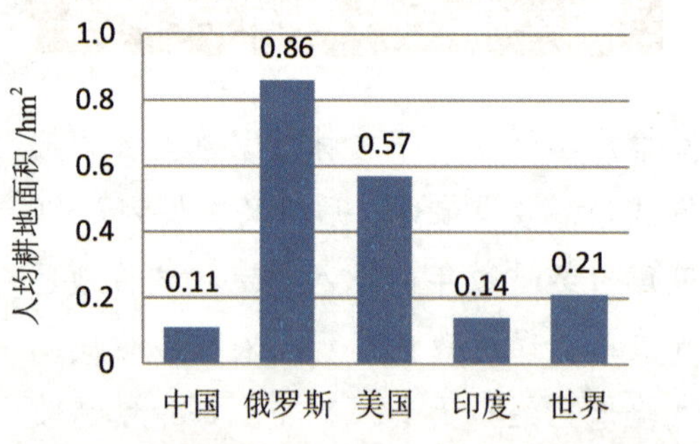

中国与世界部分国家人均耕地面积比较

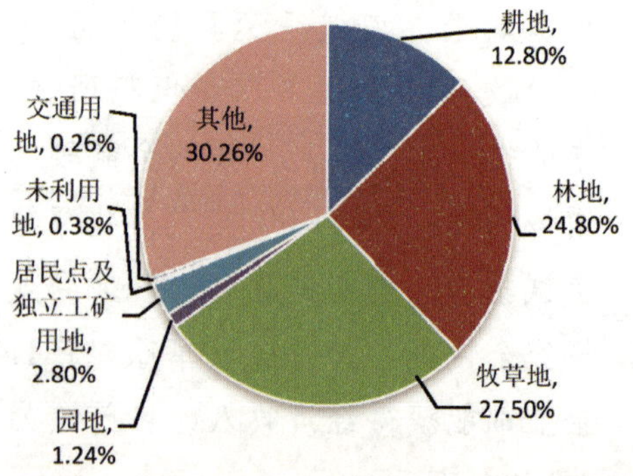

我国土地利用结构示意

果按照地形分类，可以将土地资源分为：高原、山地、丘陵、平原和盆地；如果按土地利用类型分类，可以将土地资源分为：耕地、林地、牧草地、工矿交通居民点用地等。

二、土地现状

中国的土地面积排在世界第三位，总面积为960万km^2，而人均面积只有11.65亩，约占世界人均值的1/3，人均耕地面积1.52亩，不足世界人均值的1/2。

“劳动是财富之父，土地是财富之母”，土地为人类的衣、食、住、行等提供了条件，是人类社会的自然基础。而人类对土地则往往是过度索取、保护不够。特别是近几十年来世界人口激增，由于对土地的利用和保护不当，有些地区的土地资源受到严重的破坏。滥伐森林、滥垦草地，使地表缺乏植被保护，水土流失严重。据估算，全世界每年被流水冲刷流失的肥沃土壤达250亿t。

荒漠化是另一个威胁土地安全的元凶。荒漠化多发生在干旱区、半干旱区和亚湿润干旱区，风蚀、水蚀、气候异常或人类破坏会引起土壤土质恶化、土壤碱化和沙化，在此过程中土壤里的有机物含量会下降乃至消失，土地表面沙化或板结。目前全世界有1/5的人口和1/3的陆地受到荒漠化的威胁，我国是世界上荒漠化最严重的国家之一。

三、我国保护土地的措施

土地资源的丧失和破坏，已引起各国政府的重视。我国正在积极采取措施保护土地资源。1986年6月，全国人大常委会审议通过了《中华人民共和国土地管理法》，该法从颁布至今共修订了4次，2012年12月起第四次修订正在抓紧推行。《中华人民共和国草原法》《中华人民共和国森林法》等法令从该法颁布至今也历经多次修订，力求保护、建设、合理利用土地资源。根据十一届全国人民代表大会第一次会议批准的国务院机构改革方案和《国务院关于机构设置通知》（国发〔2008〕11号），设立国土资源部，为国务院组成部门，承担保护与合理利用土地资源、矿产资源、海洋资源等自然资源的责任。

在我国经济飞速发展的今天，城市面积扩张，城镇化过程迅速推进，土地供需严重不平衡，更要重视土地资源的开发与保护。一是继续大力推进节约集约用地制度，努力营造全社会自觉节约集约用地的新局面；二是建立以评价考核制度为核心的批后监管制度体系，促进土地资源利用效益最大化；三是努力构建土地开发利用新模式，保障各阶层、各群体分享土地资源。

思考与行动

漫画中国土地日

耕者忧其田

为了深入宣传贯彻《中华人民共和国土地管理法》，坚定不移地实行“十分珍惜和合理利用土地”的基本国策，1991年国务院确定将每年6月25日（即《土地管理法》颁布纪念日）作为全国土地日。2014年6月25日迎来了第24个全国土地日，每一个土地日都有一个宣传主题，国土资源部将开展一系列内容丰富、形式多样的宣传活动。

年份	全国土地日宣传主题
2000年	保护耕地——为了美好的明天
2001年	规划用地，利国利民
2002年	规范土地市场，促进经济发展
2003年	规范土地市场，促进可持续发展
2004年	坚持科学发展观，珍惜每一寸土地
2005年	节约集约用地，促进科学发展
2006年	依法合理用地，促进科学发展
2007年	节约集约用地，坚守耕地红线
2008年	坚守耕地红线，节约集约用地，构建保障和促进科学发展的新机制
2009年	保障科学发展，保护耕地红线
2010年	土地与转变发展方式——依法管地，集约用地
2011年	土地与转变发展方式——促节约，守红线，惠民生
2012年	建设高标准基本农田，保障国家粮食安全
2013年	珍惜土地资源，节约集约用地
2014年	节约集约利用土地，转变土地利用方式

（1）漫画反映了我国土地存在的什么问题？这个问题该如何解决。（2）请你从历年的土地日宣传主题中选择一个，设计制作一幅能够反映主题的漫画。

第二课　保护耕地

龙胜梯田

元阳梯田

2012年12月30日，第二次全国土地调查数据公布，中国人均耕地仅为1.52亩，较1996年的1.59亩有所下降，不到世界人均水平的1/2。中国的耕地需要保障全国13.5亿人口的粮食供应，因此每一寸耕地都对民生意义重大。确保耕地的面积，才能保障国家粮食安全、经济发展和社会稳定。

预习探究

（1）查找资料，搞清楚什么是“耕地红线”，我国为什么要坚守18亿亩耕地红线。

（2）通过查找资料，了解本省或本市的耕地利用和管理情况。

（3）前往草莓、葡萄或其他水果蔬菜的采摘园，亲自去田野里看看农作物的生长情况，体会耕地对农业及每个人生活的重要性。

目标

- 关注耕地保护，了解我国耕地的现状，理解18亿亩耕地红线的战略意义；
- 通过查看新闻时事和实地考察，了解当地耕地的利用和管理情况；
- 认识保护农村用地的重要性和紧迫性，探究取得实效的经验、做法和建议。

参与与展示

活动：阅读案例并讨论

（1）阅读案例，小组讨论如下问题：

①这件事应该如何解决，是继续让退休老人居住在此，还是拆掉房屋恢复耕地？②耕地一旦被破坏，即便恢复，生产力也会受到影响。有什么方法可以防止耕地被破坏呢？

农业生态园风波

案例1

2009年，某房地产开发商和乡政府合作推出“农业生态园”项目，计划建立生态园，将农业活动和旅游结合起来，发展生态农业，为游客进行生态农业示范。但在实际施工中，房地产公司私下改变了规划，将数百亩耕地修建成了房屋。

挖土机在耕地上修建房屋地基

在房地产商的宣传下，许多退休老人都购买了这里的房屋，希望在此安度晚年。被占用耕地的村民也得到了一笔丰厚的补偿金。看似“农业生态园”对退休老人和村民来说都是好事。然而这种行为是非法占用农用地，违反了《刑法》和《土地管理法》。这些房屋不能办理合法的土地使用证、房屋证。

（2）阅读案例，小组讨论如下问题：

①广州市实施的基本农田补偿制度是否合理？为什么对老城区的基本农田补偿比较高？②在经济发展与环境保护中，怎样合理解决现实利益与长远利益的矛盾？

基本农田保护

案例2

随着经济的发展，城市扩张需要越来越多的土地。城市周边地形平整的耕地成为了扩张建筑用地的最佳选择。不少农民都认为，相比于种地所得的长远收益，将耕地改建为厂房所得的一次性收益更大。

保护基本农田是保障我国基本耕地红线的重要前提，1999年起《基本农田保护条例》正式实施，对基本农田实行特殊保护，以满足我国未来人口和国民经济发展对农产品的需求，为农业生产乃至国民经济的持续、稳定、快速发展起到保障作用。

如何提高农民保护基本农田的积极性，是我国耕地保护面临的重要问题。2008年以来广东省多地开展了基本农田保护经济补偿制度试点。例如，广州市对老城区基本农田按照500元/（亩·年）的标准、新城区按照300元/（亩·年）的标准、县级市按照200元/（亩·年）的标准发放补助资金。

许多人认为建立耕地和基本农田保护补偿机制，可以增加耕地保护和基本农田保护重点地区的经济收入，将提高农村集体经济组织对耕地和基本农田保护的积极性，促进形成土地资源利用与保护的良性循环机制，最终实现土地资源的可持续利用。

习得与领会

人多地少是我国的基本国情。进入21世纪之后，中国的耕地数量一直呈现下降趋势。究其原因主要来自建筑用地对耕地资源的占用和生态建设用地两个方面。2000年后新一轮快速的城市化和工业化进程在全国范围内开展，国家加大固定资产投资，大量兴建开发区，城乡与工矿建设用地大面积增加，城镇周边大量优质耕地被占用。生态建设用地使生态脆弱区耕地面积减少。为了保护生态环境，大量新开垦耕地被退耕，陆续恢复开垦之前以林地、草地为主的植被群落。

一、耕地面临的危机

耕地是土地资源中最宝贵的自然资源，耕地的数量和质量是粮食综合生产能力的体现。在当前复杂多变的国际形势下，保持一定数量和质量的耕地是确保我国粮食安全、经济安全和社会稳定的关键。近年来，我国耕地资源数量不断减少、质量持续降低，严重威胁到了我国的粮食安全和生态安全。

城市化进程和土地合理利用之间的矛盾突出，是导致中国耕地数量下降的最主要原因。目前，我国已有20 000多个建制镇和600多个中小城镇，随着城市化进程的加快，将有越来越多的土地资源被占用。

城市化用地存在两个问题：一是在沿海地区城市化发展快，高产耕地快速减少。二是大量的耕地被征收后一直闲置，浪费土地的情况严重。小县城兴建万人体育场，农业县兴建万亩“经济开发区”，一些地方盲目攀比，大量兴建大广场、大草坪等标志性建筑物和形象工程。

二、必须坚守18亿亩耕地红线

1994年，美国世界观察研究所所长布朗先生在其《谁来养活中国》一书中警告说：“2030年，中国的粮食缺口将达到3.69亿t，不仅中国无法养活自己，世界市场也负担不起。”于是，世界范围内就产生了种种猜疑，最终导致“中国威胁论”和“粮食威胁论”的产生。尽管有的专家对布朗先生的预测方法和依据提出过许多质疑，未必同意他的观点，但国内外几乎所有学者的研究结论都承认：“中国的粮食缺口将会越来越大，粮食问题将会成为制约中国经济发展的瓶颈。”1999—2006年，国务院反复研究基本农田保护区的范围，划定了全国范围内的耕地生命线。

2006年3月，十届全国人大四次会议明确提出，18亿亩耕地是未来5年一个具有法律效力的约束性指标，是一道不可逾越的“红线”。2007年，温家宝总理在十届全国人大五次会议上再次强调：“节约集约用地，不仅关系当前经济社会发展，而且关系国家长远利益和民族生存根基。在土地问题上，我们绝不能犯不可改正的历史性错误，遗祸子孙后代。一定要守住全国耕地不少于18亿亩耕地这条红线。”

2008年10月，国务院通过了《全国土地利用总体规划纲要（2006—2020年）》。该纲要明确了要“根据全面建设小康社会的总体要求和‘十一五’经济社会发展的目标任务，规划期内努力实现守住18亿亩耕地红线。全国耕地保有量到2010年和2020年分别保持在12 120万hm^2（18.18亿亩）和12 033.33万hm^2（18.05亿亩）。规划期内，确保10 400万hm^2（15.6亿亩）基本农田数量不减少、质量有提高。”

三、中国碗装中国粮须先保证中国地

2014年3月5日，李克强总理作政府工作报告时强调，坚守耕地红线，提高耕地质量，增强农业综合生产能力，确保谷物基本自给、口粮绝对安全，把13亿中国人的饭碗牢牢端在自己手中。耕地保护话题再次引发代表委员们的热议。

中国碗装中国粮

时至今日，人们越来越意识到保护耕地的责任和紧迫性，社会各界人士也积极呼吁“但存方寸地，留予子孙耕”“民以食为天，食以地为本”。18亿亩耕地是保证我国粮食安全的口粮田，是保证我国农民土地权的命根田，是中华民族的生命线。

思考与行动

黑土地的现在和将来

我国东北地区的黑土地是世界上仅有的三大黑土地之一，黑土地呈弯月形分布，总面积为1 000万hm^2，是中国最大的商品粮生产基地。最初开垦时，黑土层平均厚度达到60～80cm，最深可以达到1m，当时人们形容这里的黑土“攥一把能流出油”。然而仅过了50多年，这里的黑土层就几乎薄了1/2，一些地方只剩下薄薄的一层，颜色也慢慢由黑变黄，个别地方甚至已成为遍布沙石的不毛之地。

草原上的侵蚀沟

近几年，黑土耕地质量劣变已越来越突出。据定点监测和抽样调查推算，黑土耕地表层有机质含量已经下降到2.5%～6.5%，与开垦初期的11.8%相比下降了一半以上。专家指出，如果表层有机质消失，剩下的就将是黄土状亚黏土，这种土质使农作物几乎无法生长。黑土地大量流失同时引发了一连串的生态问题。据了解，黑龙江省黑土区的许多水库从刚建成时呈“碗”形，经过几十年的淤积现已成了“碟”形，严重影响了水库效益的正常发挥。松花江这条全国第三大江河，其哈尔滨段的河床也比新中国成立初高出了30～50cm，罪魁祸首就是上游水土流失下泄的泥沙。可喜的是，人们已经初步认识到危机的来临，从2008年开始，中国启动了黑土地治理项目，着力治理水土流失，开展生态农业建设，保护黑土地资源。

（1）有人主张这样一种观点：只要加大黑土地治理的投入力度，黑土地就可以复原到人类未开发前的原始状态。你同意这种观点吗？（2）针对黑土地的拯救措施有发展保护性耕作、实施秸秆还田、增加土壤有机质等，你认为哪些方法最有效？对此你是否还有更好的建议？

第三课　关注土壤

关注土壤

2011年10月25日，环境保护部部长周生贤在十一届全国人大常委会第二十三次会议的正式报告中指出，中国土壤环境质量总体不容乐观，中国受污染的耕地约有1.5亿亩，占18亿亩耕地的8.3%。目前我国土壤污染以重金属污染为主，其成因既有工业造成的点源污染，也有农业造成的面源污染。

预习探究

目标

- 关注土壤质量，通过观察实验体会不同土壤环境下土壤质量的区别，了解土壤面临的污染威胁；
- 关注土壤肥力，通过观察实验体会不同土壤的营养差别，体会腐殖质层的重要意义。

实验一：土壤质量试验

实验步骤：

（1）选取4个考察地点，要求4个地点的土壤环境有较大差别，例如天然草地、温室大棚、建筑工地、公园绿地、河流池塘边等。并在每个考察地点收集

不同环境的土壤样本

土壤样本。

（2）观察不同地点土壤的颜色，并记录。

（3）观察不同地点的土壤质地。土壤质地一般分为三类：黏土、壤土和砂土，其中砂土最轻，壤土次之，黏土最重。根据对比记录土壤的质地。

（4）观察不同地点的土壤腐殖质层。根据对比记录腐殖质层的厚度及形态。

（5）观察不同地点的植被种类、植被数量等，根据对比记录植被环境。

（6）观察不同地点的土壤环境，记录土壤有没有被污染和破坏，或被治理改造。

土壤环境质量考察登记表

考察地点	土壤颜色	土壤质地	腐殖质层	植被环境	土壤环境

实验思考：

（1）不同考察地点的土壤有什么区别？你认为哪个考察地点的土壤肥力最好？

（2）土壤环境对土壤有什么影响？土壤面临着哪些污染的威胁？

实验二：土壤营养识别实验

实验步骤：

（1）选取4个同样大小的容器当花盆，为花盆编号，并在每一个花盆中放置一个考察地点的土壤。

（2）在4个花盆中种植同样的黄豆苗。

（3）在黄豆苗的生长过程中，保证花盆接收相同的光照和水分。

（4）观察四个盆中黄豆的生长情况，并做好生长观察记录。

土壤营养实验

黄豆苗生长记录表

花盆	10天	20天	30天	40天
花盆1				
花盆2				
花盆3				
花盆4				

实验思考：

哪个花盆中的黄豆苗生长情况最好，为什么？

参与与展示

活动：阅读讨论

（1）污水灌溉已然有悠久历史，为什么近年来才有人提出污水灌溉是土壤污染的来源？以色列农业用水有1/3是污水，但这些水都经过严格处理，达到了安全使用的标准。请讨论我国是否可以使用以色列的方法？

案例1

天津南排污河旁于台村58岁的菜农冯玉江记得，他还是孩子时，全村人就用南排污河的水浇地，有人还会从河里挖污泥铺到田里当肥料用。那时河水中污染物大多来自厨房、厕所、洗衣盆，富含氮、磷等，且有铬、铜等一些植物生长所需元素，是庄稼不错的“补品”。长期以来，污水灌溉都是农业灌溉用水的重要组成部分。我国自20世纪60年代至今，污灌面积迅速扩大，在北方旱作地区，污灌最为普遍，约占全国污灌面积的90%以上。

天津南排污河常年漆黑

（2）如何看待重金属废弃物堆积对土壤的危害，应该由哪个部门来解决这个问题？

案例2

在湖南省郴州市，一个砷制品厂随意将产生的废渣倾倒在厂区附近的自然洼地上，使周边的水、蔬菜、土壤、谷物均受到不同程度的砷污染，污染土壤上种植出来的大白菜、萝卜、菠菜等，砷含量严重超标，最终导致该区域约750亩稻田及菜地弃耕荒芜。

（3）工业废渣废料应该如何排放才能避免对土壤的危害呢？

案例3

2011年8月，云南省曲靖市发生一起因非法倾倒剧毒工业废料铬渣致污事件，后经过环境应急处置，虽没有造成人员伤亡和主要水体污染，然而由于技术及资金问题，数十万吨未经无害化处理的铬渣仍然堆放在珠江上游的南盘江畔，形成严重的环境隐患。

云南曲靖水受剧毒污染

习得与领会

一、土壤和土壤的形成

土壤并不是地球所独有的，月球和火星也有土壤。地球土壤的独特之处在于腐殖质。腐殖质是一种胶状体，它能够让土壤更有黏性，从而增强土壤的吸收、保肥能力；腐殖质可以改变砂土的松散状态，还可以提高黏土的疏松度和透气性，能帮助不同质地的土壤形成肥力较高的土壤团粒结构。腐殖质对改善土壤的物理、化学性质起到了重要作用，是土壤肥力的重要指标之一。

土壤的形成需要漫长的时间，腐殖质的形成也非常缓慢。石头风化细碎逐渐形成土壤颗粒，动植物残体经腐殖化作用逐渐形成腐殖质。地表层1cm的土壤需要100年才能重新形成。

二、土壤的污染与保护

人类生活所产生的污染物进入土壤并积累到一定程度，就会引起土壤质量恶化。这些污染物主要来自工业和城市的废水和固体废物、农药和化肥、畜禽排泄物、生物残体以及大气沉降物等。污水灌溉和污泥作为肥料施用，常使土壤受到重金属、无机盐、有机物和病原体的污染。

土壤被污染后可以通过土壤自身不断的分解和转化，在较长时间后降低污染含量，更长时间后有可能完全净化。但是重金属元素及其化合物进入土壤后，就很难通过土壤自身排出，必须采取土壤污染修复技术加以修复。例如通过固化污染物，降低污染物对生态系统的危害；或通过土壤淋洗技术，冲脱和清洗土壤污染物等物理技术，也可以通过植物修复技术，或微生物修复技术修复土壤。无论哪一种修复技术都需要花费大量的时间和金钱，并且修复结果只能是尽可能减少土壤污染，无法完全复原到土壤的原始状态。

土壤污染越来越受到人们的重视，2006—2010年，按照国务院的统一部署，环境保护部门会同国土资源部开展了全国土壤污染情况调查和污染防治工作。这是中国首次如此大规模地开展土壤污染现状调查，也是为建设土壤环境质量监督管理系统做前期铺垫。2013年年初，国务院办公厅就土壤环境保护和综合治理工作做出了安排。力争到2020年，建成国家土壤环境保护体系，使全国土壤环境质量得到明显改善。

三、土壤农膜污染

农膜覆盖栽培是1978年自日本引进的一项成功的农业增产技术，是我国传统农业技术向现代化、集约化发展的重大技术改革。目前，我国农膜使用面积已突破1亿亩，覆盖作物高达50余种，每年仍以10%的速度递增。尽管塑料农膜的推广为农业带来了增收，然而不容忽视的是，薄膜技术的应用与发展也带来了新的问题——土地农膜污染。大量废弃农膜残留在土壤中，破坏土壤的通透性，恶化土壤结构，从而造成农作物减产，对自然环境造成破坏。

土地农膜污染

以甘肃省为例，2012年甘肃省各类农作物地膜覆盖面积达2 200万亩，地膜使用量约13万t。而根据有关部门的监测，监测地块均有不同程度的残膜污染，残留量平均每亩达5.23～14.67kg，局部地区残留污染有加重趋势，最高残留量已达17.55kg。

农膜污染具有三个特点：一是持续时间长。农膜应用的地膜大多数为聚乙烯或聚氯乙烯膜，在自然条件下不易降解，加之回收率低，大量残留在土壤中形成积累，造成持久性污染，使农田耕作率不断下降。二是处理成本高。用于耕作的地膜使用周期短，残膜的回收成本较高，相比之下农户会选择重新购买薄膜而不是回收。三是污染土壤。农膜不断地在土壤中积累，分解出的有毒有害物质会进入土壤当中，从而通过农作物威胁人们的身体健康。

四、修复治理重金属污染耕地

2013年，湖南三家大米厂生产的大米被查出镉超标。镉是一种重金属元素，人类摄入会对肾脏和骨骼产生危害，最后可能导致肾衰竭和骨软化。大米中的镉来自土壤之中，“镉大米”事件爆发后，人们开始关注受到镉污染的土地。

根据中国科学院专家估算，中国约有10%的耕地受到镉污染和砷污染，大多集中在我国南方。仅镉超标的耕地就可能达到了8 000万亩，而这些耕地是水稻的主要种植区，治理重金属污染刻不容缓。

2014年4月，国家启动重金属污染耕地修复综合治理工作，在湖南省长株潭地区开展试点。污染较重的土地不再种植水稻，改种棉花、蚕桑、麻类、花卉等，并对残余物去向进行监控，不能再回流进入耕地。

思考与行动

2014年全国详查土壤污染　重污染耕地调整种植结构

2014年1月9日，全国环境保护工作会议指出：2014年，环境保护部将着力推进土壤污染治理工作，编制《土壤环境保护和污染治理行动计划》并组织实施，重点是实施重度污染耕地种植结构调整、开展污染地块土壤治理与修复试点、建设6个土壤环境保护和污染治理示范区。此外，还将启动全国土壤污染状况详细调查和土壤环境保护工程第一批重点项目，积极推进土壤污染治理与修复。

请查阅相关资料，思考土壤污染调查应该如何进行？

酸化土壤中重金属更易被农作物吸收

在现代农业中，出于对产量和经济效益的追求，许多农民弃用有机肥，大量改用氮肥和磷肥，土壤酸度急速飙升。湖南省耕地土壤pH值已由20世纪80年代的6.5下降到目前的6.0，30年土壤酸化程度相当于自然状态下300年的酸化程度。土壤酸化带来的直接影响是增加了重金属在土壤中的活性，使其更容易被农作物吸收。

请查阅相关资料，注明哪些农作物会吸收土壤中的重金属？

模块二　环境与文化

第四课　丧葬与环境

秦始皇陵兵马俑

人由生到死是不可逆转的自然规律。对死者遗体殡葬，寄托生者哀思，是几千年来人们形成的丧葬礼仪。在世界各地各民族中早已形成既相近又有区别的各种自成体系的丧葬文化。

预习探究

自然环境和丧葬方式密不可分，收集我国不同地区丧葬方式的资料并回答：下列不同的自然环境中，适宜选择哪些丧葬方式？

目标

- 了解丧葬是哀悼的文化，了解我国不同的丧葬方式；
- 了解不同的丧葬方式与自然环境的相互影响。

地区	适合的丧葬方式
西南地区：气候湿热，全年降水多，山川河流众多，地下水位高	
干旱沙漠地区：植被稀少，风沙大，生活的主要是游牧民族，环境变化多端：一场风沙就会让地表面目全非	
极端寒冷地区：冬季漫长，夏季短暂，冻土层非常厚且坚固，难以凿开	

参与与展示

活动：角色扮演村民会议

有一位村民火化后，因其家属交不起公墓高额的费用，无法顺利入葬。家属要求将骨灰带回家中安放于祖坟之侧，但遭到主管部门拒绝。结果引起家属的不满。死者家属抱怨说，公墓的费用太高，不能满足市场需要；主管部门提供可选择的殡葬方式又太少，而且强制多于引导，缺少温情和人道。

规模宏大的公墓

这是摆在当地农民、政府和殡葬管理部门面前的一道难题。现在，这道难题要请同学们帮助解决。由三组同学分别代表当地农民、政府负责人和殡葬管理人员进行辩论和协商。可参考以下题目：

(1) 召开村民会议，商讨应该采取什么措施来安葬死者？

(2) 是否应该将骨灰统一安放在公墓内？

(3) 公墓收费是否合理？

(4) 我国在殡葬的管理上，有哪些问题需要改进？如何改进？

(5) 如何处理尊重传统文化与保护环境的关系？

注意

- 要熟悉背景材料，进入角色，从自己扮演角色的角度，去发表自己对该背景材料的看法。
- 讨论时应当充分考虑各方利益，包括农民的利益和集体的利益，还应考虑人类的长远利益和当前利益。
- 要培养换位思考的好习惯，尊重不同意见，发扬民主精神。
- 达成共识，形成书面决议。

习得与领会

一、我国传统的丧葬形式

我国是一个多民族的国家，由于不同的生存环境、宗教信仰和风俗习惯等，形成了很多的丧葬形式，主要有土葬、火葬、天葬、水葬、塔葬、悬棺葬等。

1. 土葬

在我国历史最悠久的一种葬法是土葬，土葬是将尸体掘地而埋。它是汉民族的传统丧葬方式。除汉民族外，我国的回族、畲族、古代的匈奴等也多以土葬为主。

17 000多年前，北京周口店人就实行土葬。土葬最初没有棺木，是用草苫子或草席裹了尸体埋入地下，故《易》云："古者葬，厚衣以薪"。仰韶文化时期有了石棺和瓮棺，大汶口时代有了木棺。周秦以后，随着土地私有制的出现，土葬有了尊卑之分，达官贵人开始筑坟，一般平民仍然简而葬之。

土葬时陪葬的唐三彩

土葬是身份、地位和等级的象征，统治者多承袭这种象征以突出自己的特权，例如被誉为"世界第八大奇迹"的秦始皇陵，仅陪葬的兵马俑就有三处坑埋葬，气势恢宏。土葬坟墓的象征作用，使得后代坟墓也追求细节精致和规模宏大，用坟墓来显示生者的富有与权势。

传统土葬在我国延续了几千年，人们"入土为安"的思想观念根深蒂固。历史地看，它有其合理的一面。对当时土地较多、人口较少且比较分散的社会状况来说，土葬还是可行的。人死后，传统意义上的"入土为安"，从生态学角度来讲，也有其合理的一面。因为它符合生态系统中"物质良性循环"的科学规律。人本来就赖以在大地上生存，走完一生，又回归大自然，化成孕育生物生命的养料，这符合生态平衡的自然规律。

2．火葬

火葬是一种将尸体焚化的葬法，也叫焚尸、火化或熟葬。在宋代为民众所接受和推崇，对后世产生了巨大影响。20世纪开始，世界各国为了节约耕地，开始提倡火葬。

3．悬棺葬

为了防水防潮，更好地保存逝者的遗体，将逝者的棺木运到悬崖峭壁之上的岩石洞穴中埋葬。悬棺葬的习俗流行于我国南方少数民族地区，悬置越高，表示对逝者越尊敬。

二、让丧葬更加环保

2012年，我国人口的死亡率是7.15‰，以此计算一年有965.3万人死去。如果这些人口全部实施土葬，按照每人占用10 m^2墓地计算，一年将有近100万亩的土地被永久地用于丧葬。相比于中国的土地面积，这个数字让人触目惊心。

限定墓地面积，推广其他丧葬形式，成为节省丧葬用地的重要手段。1956年，我国殡葬改革，开始实行火葬制度。然而火葬后骨灰安置仍然需要一定量的土地。从2000年开始，湖北省、江苏省、北京市等多省市均推行殡葬管理办法，“在公墓中安葬单人或者双人骨灰的墓穴，占地面积不得超过1 m^2。安葬多人骨灰的墓穴，占地面积不得超过3 m^2”。

壁葬是节约用地的新型殡葬方式。壁葬是以墙代墓，在一面墙上设立多格多层的独立小空间，将骨灰盒（坛）封存在墙格之中，用花岗岩封面，刻上碑文。一面墙可以容纳上千个骨灰盒，节约了大量土地。然而武汉扁担山公墓推行壁葬后却无人购买，广西南宁长安墓园的壁葬柜基本空置。也有一些人将壁葬作为临时选择，一旦经济情况好转，就将老人的骨灰迁入墓地 。

2008年，上海开始推出“草坪生态葬”。和传统的土葬不同，逝者的骨灰装在可降解材料制成的骨灰坛中，深埋于地下60 cm，每具骨灰占地面积仅为0.04 m^2。安葬后的地面以草皮覆盖，地表不留碑和其他标志物，而骨灰坛在落葬后一个月内将溶解在土壤中，逝者回归自然，土地也能重复利用，是一种“终极”处理骨灰的葬法，不占用土地资源。

思考与行动

高价墓地催生小产权墓

小产权墓指的是未经批准占用农业用地所建的墓地，没有国家发放的土地使用证和预售许可证，墓地产权不受法律保护。它和国家屡次禁止的小产权房属于同一类型。

如今墓葬费用居高不下，尤其是北上广等大城市，一座墓地要价几万元已属常见。小产权墓价格低廉，因此被人们广泛关注。有些消费者不知道所购买的是小产权墓，有些即便知道也会因为价格优势而购买。售卖者和消费者都抱着侥幸心理，认为小产权墓即便被发现，也不会被强拆。

小产权墓对环境有什么危害？小产权墓如果被查处，应该如何处理墓地里埋葬的骨灰？谈谈你的看法。

第五课　农业文化遗产的保护

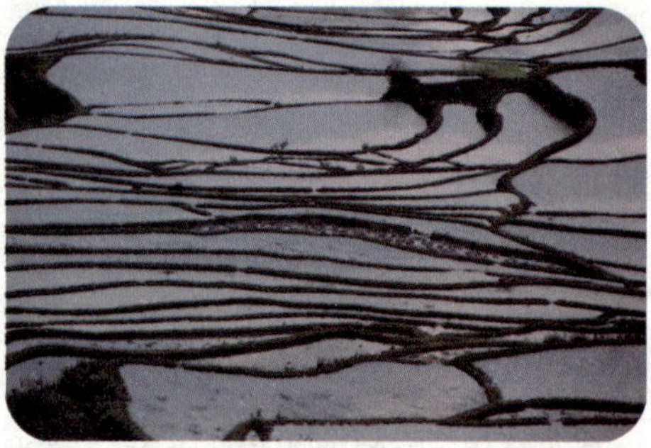

云南红河哈尼稻作梯田系统

我国悠久灿烂的农耕文化历史，加上不同地区自然与人文条件的巨大差异，创造了种类繁多、特色明显、经济与生态价值高度统一的重要农业文化遗产。这些都是我国劳动人民用勤劳与智慧创造出的农业文化典范，蕴含着天人合一的哲学思想，具有较高的历史文化价值。但是，在经济快速发展、城市化加快推进和现代化技术应用的过程中，由于缺乏系统有效的保护，一些重要农业文化遗产正面临着被破坏、被遗忘、被抛弃的危险。

预习探究

目标

- 关注农业文化遗产，知道农业文化遗产的概念；
- 能够说出我国被全球重要农业文化遗产名录保护的试点名称；
- 思考如何在开发的同时保护农业文化遗产。

（1）搜索“全球重要农业文化遗产”的相关资料，找出联合国粮食及农业组织（Food and Agriculture Organization，FAO）对“农业文化遗产”的定义，并将这个定义记录下来。

（2）2005年起，世界粮食及农业组织开始选择传统农业系统作为保护试点，请搜索这些试点名录并记录下来，并统计我国共有几个试点。

（3）请3～5人组成一个小组，选择一个农业文化遗产，查找该农业文化遗产的详细信息，并探讨如何开发该农业文化遗产。在课上向全班汇报本组的研究讨论内容。

全球重要农业文化遗产官方网站 http://www.fao.org/giahs/giahs-home/en/

参与与展示

活动：展示农业文化遗产项目并讨论

（1）请解释鱼和水稻共生为什么既能实现水稻的丰产，又能养殖出优质的鱼类？青田县素来有“九山半水半分田”之称，地处丘陵地带，水源充足且水质优良，这种自然环境与发展稻鱼共生的农业生产方式有什么关系？

浙江青田传统稻鱼共生农业系统

案例1

青田县位于浙江省中南部，瓯江流域中下游。2005年青田县龙现村因为稻鱼共生系统的生态农业生产方式，作为首批5个试验点之一加入全球重要农业文化遗产保护项目中。

青田县稻田养鱼历史悠久，至今已有1 200多年的历史。清光绪《青田县志》曾记载：“田鱼，有红、黑、驳数色，土人在稻田及圩池中养之。”金秋八月，家家“尝新饭”：一碗新饭，一盘田鱼，祭祀天地，庆贺丰收，祝愿年年有余（鱼）。悠久的田鱼养殖史还孕育了灿烂的田鱼文化，青田田鱼与青田民间艺术结合，派生出了一种独特的民间舞蹈——青田鱼灯。

浙江青田传统稻鱼共生农业系统

稻鱼共生系统

青田县稻田养鱼的面积并没有扩大。在江苏省的考察表明，许多农民更愿意种植单一的水稻而不是稻田养鱼系统。因为与单一的水稻种植相比，稻田养鱼的管理需要更多的劳动力和乡村合作。要在水稻收割之后，继续在池塘或水稻田中饲养一段时间，这就需要土地和劳动力的继续投入，而土地和劳动力目前在中国农村越来越稀缺。

（2）万年县从2005年开始每两年举办一次中国万年国际稻作文化旅游节。请分析现代农业对稻作文化系统传承的影响；江西生产“万年贡米”已经是中国驰名商标，万年贡米集团坚持生产绿色有机食品。请谈谈万年贡米的生产和万年稻作文化系统之间的关系。

案例2

江西万年稻作文化系统

万年县位于江西省东北部，鄱阳湖东南岸。地形以丘陵与冲积平原为主，有人称这里是“六山一水二分田，一分道路和庄园”。万年县仙人洞遗址发现了远古时期的栽培稻植硅石，被考古界认定为世界稻作的起源地之一。野生稻经过历代万年人的驯化，南北朝时期万年稻米已成为贡品，明朝年间万年稻米成为四大国米之一。

万年稻米生长在山拢中，从山上流下的山泉水带着多种矿物质以及森林中动植物的代谢物浇灌农田，为万年稻米提供水分和营养。如果要保证稻米的正常生长，就必须保护好山林，这样才能有山泉常流，因此在稻米所生长的农林生态系统中，不但保留了独特的物种和丰富的生物多样性，而且还形成了高效的水资源利用和良好的水土保持技术体系。

2010年6月，万年稻作文化系统被全球重要农业文化遗产保护项目收录。万年稻米生长在山区，亩产量少，无法进行机械化生产，所需劳动力是常规稻作的3倍。

江西万年稻作文化系统

习得与领会

一、全球重要农业文化遗产

2002年，联合国粮食及农业组织发起了“全球重要农业文化遗产”（GIAHS）保护项目，旨在建立全球重要农业文化遗产及其有关的景观、生物多样性、知识和文化保护体系。农业文化遗产见证了人类和自然的和谐共处，是一种生物多样性的系统，是一种独特的农业景观，同时也是一种多姿多彩的民俗生活形态。

全球重要农业文化遗产在概念上等同于世界文化一餐，是农村与其所处环境长期协同进化和动态适应下所形成的独特的土地利用系统和农业景观，这种系统与景观具有丰富的生物多样性，而且可以满足当地社会经济与文化发展的需要，有利于促进区域可持续发展。

——联合国粮食及农业组织（FAO）

从2005年入选全球重要农业文化遗产的浙江省青田传统稻鱼共生系统开始，已经陆续有江西万年稻作文化系统、云南省红河哈尼稻作梯田系统等11个中国农业文化遗产被选入了全球重要农业文化遗产名录。中国是全世界拥有“全球重要农业文化遗产保护项目试点”数量最多的国家。农业文化遗产作为一种新的遗产类型，逐渐得到中国的重视。

二、中国的重要农业文化遗产

2012年3月农业部下发《关于开展中国重要农业文化遗产发掘工作的通知》，详细确定了中国农业文化遗产的认定标准和申报程序。2013年，农业部公布了第一批中国重要农业文化遗产名单。除了8个已入选全球农业文化遗产名录的农业系统以外，新疆吐鲁番坎儿井农业系统等11个传统农业系统入选名单。

河北宣化传统葡萄园

人们在采集香榧果

全球重要农业文化遗产名录（中国）
传统稻鱼共生农业生产模式——浙江青田稻鱼共生系统
世界最早的栽培稻源头——江西万年稻作文化系统
大面积山区稻作农业生产体系——云南红河哈尼稻作梯田系统
传统稻鱼鸭共生农业生产模式——贵州从江侗乡稻鱼鸭系统
世界茶树原产地和茶马古道起点——云南普洱古茶园与茶文化系统
世界上第一个旱作农业文化遗产——内蒙古敖汉旱作农业系统
陡坡山地高效农林生产体系——浙江绍兴会稽山古香榧群
传统漏斗架葡萄栽培体系——河北宣化传统葡萄园
沼泽洼地土地利用模式——江苏兴化垛田传统农业系统
干旱地区山地高效农林生产体系——陕西佳县古枣园
湿地山地循环农业生产体系——福建福州茉莉花种植与茶文化系统
第一批中国重要农业文化遗产名录
南果梨母株所在地——辽宁鞍山南果梨栽培系统
传统林参共种模式——辽宁宽甸柱参传统栽培体系
沼泽洼地土地利用模式——江苏兴化垛田传统农业系统
湿地山地循环农业生产体系——福建福州茉莉花种植与茶文化系统
竹林、村庄、田地、水系综合利用模式——福建尤溪联合梯田
南方稻作文化与苗瑶山地渔猎文化融合体系——湖南新化紫鹊界梯田
传统核桃与农作物套作农耕模式——云南漾濞核桃作物复合系统
干旱地区山地高效农林生产体系——陕西佳县古枣园
古梨树存量最多的梨树栽培体系——甘肃皋兰什川古梨园
农、林、牧循环复合生产体系——甘肃迭部扎尕那农林牧复合系统
大型地下农业水利灌溉工程——新疆吐鲁番坎儿井农业系统

注：第一批中国重要农业文化遗产名录共19个，除以上11个以外，另有上表的前8个农业遗产。

三、我国农业文化遗产面临消失的危机

我国是一个传统的农业大国，农业历史悠久，数千年来创造了丰富多彩的耕作方式。近年来，随着城市化的快速发展以及现代农业技术的大规模推广，我国传统农耕技术的使用正在萎缩，农业文化遗产也面临消失的危机。

如何寻找保护与发展的平衡点是农业文化遗产保护的一个难题。在社会经济快速发展的今天，传统的农业耕作方式因为生产力投入大、亩产少、生长周期长而受到极大的挑战，农民倾向于脱离相对低效的生产方式，投入到更高效的机械化生产中。机械化生产可以帮助农民减少生产力投入；使用化肥农药可以帮助农民缩短生长周期，

提高亩产量。更多的农民不再耕作，而是进城务工或从事经济价值更高的生产活动。一旦农民放弃耕作，传统耕作方式消失，农业文化也就消失了。

> 哈尼人的节日都与梯田劳作有关：像昂玛突节，就是每年播种前的一个祭祀节日；矻扎扎节是每年谷子扬花时过的节；新米节则是在谷子成熟即将收割时过的节。但是，现在如果农民都不种田了，这种节日还能保留住多少？
>
> ——《农业文化遗产：千年记忆如何传承》

事实上，传统并不意味着落后，农业文化遗产是传统农业的精华所在，将其与现代农业技术相结合是未来现代生态农业发展的方向。农业文化遗产的保护是将传统农业系统及其赖以存在的自然环境和人文环境作为一个整体，不仅保护传统农耕技术和农业生物物种，还保护农业遗产赖以生存的人文环境和自然环境，最终实现在发掘中保护，在利用中传承。

思考与行动

中国农业文化遗产：申遗之路

会稽山古香榧

贵州从江侗乡稻鱼鸭系统

截至2015年，中国已经有11个全球重要农业文化遗产和62个中国重要农业文化遗产，在全球农业文化遗产中占据了一席之地。但这和中国几千年来的农业文明史相比，就如沧海一粟，中国还有更多的农业文化遗产等待发掘、保护和申遗。普通百姓也许根本没有听说过农业文化遗产这个概念，更不明白保护农业文化遗产的重要性。

现在有一种观点认为，我们自己的文化遗产不需要国际认证，只要自己保护好、传承好就行了，申遗就是个形式，有没有都无所谓。其实申遗的过程也是体现我们历史观和文化观的过程，形象的比喻就是凡是自己认为好的东西，都要让全世界知道，这代表了一个民族对自己历史和文化的自信与热爱。

申请农业文化遗产对保护传统农业文化有什么作用？

模块三　环境与科技

第六课　生物农药

为了对付病虫草害，农药的应用就成了农业科技中必不可少的手段之一。20世纪40年代开始化学农药盛行，六六六、DDT等剧毒杀虫剂被广泛使用在生产和生活中。这些剧毒农药的确在短期内起到了杀虫的效果，粮食产量也得到了飞速提高。

飞机在喷洒农药

化学农药给农业生产带来的巨大的效益只是暂时的，化学农药使用量越来越大，使用年限越来越长，病虫杂草的抗药性越来越强，迫使人类研究出毒性更强的化学农药，杀灭了大量其他动植物，严重影响了自然生态平衡，毒药的残留和对环境的污染威胁到人类的生命和健康。因此，低毒、低残留、不易产生抗药性的生物农药迎来了发展机遇，越来越受到世界各国的重视。

预习探究

目标

- 通过收集整理资料，了解生物农药的定义及其与化学农药的区别；
- 锻炼学生探究性学习的能力、合作学习的能力，探讨生物农药在农牧业生产中所发挥的作用；
- 培养学生严谨、认真的科研作风，思考科技给环境带来的变化。

（1）在同学自愿的基础上将全班同学分组，各组长相互协调，每组选择一个角色。角色有生物农药公司销售人员，化学农药公司销售人员，需要购买农药的农民，为农民提供技术支持的科技人员，买菜的居民。

（2）组长组织自己的小组成员，针对自己小组的角色通过网络或图书馆收集资料，进行整理，确定角色对待生物农药的观点，编写角色台词。

参与与展示

活动：绿色经典赏析

在课余时间通读《寂静的春天》全书或选读一章，你是否认为书中描述的现象和后果已在自己身边悄然发生，请举例说明。你如何看待作者这种对环境的关注和社会责任感？你应该为周围环境的改善做些什么有意义的事？

美国海洋生物学家蕾切尔·卡逊（Rachel Carson）经过4年时间，调查了使用化学杀虫剂对环境造成的危害后，于1962年出版了《寂静的春天》一书，这是一部警示录，它掀起了世界保护环境的热潮，由于它的广泛影响，美国政府开始对书中提出的警告做调查，最终改变了对农药政策的取向，并于1970年成立了美国国家环境保护局。美国各州也相继通过立法来限制杀虫剂的使用，最终使剧毒杀虫剂停止了生产和使用。

农民在田间喷洒农药

这些喷雾器、药粉和喷洒药水现在几乎已普遍地被农场、果园、森林和家庭所使用，这些没有选择性的化学药品具有杀死每一种“好的”和“坏的”昆虫的力量，它们使得鸟儿的歌唱和鱼儿在河水里的欢跃静息下来，使树叶披上一层致命的薄膜，并长期滞留在土壤里——造成这一切的原本目的可能仅仅是为了少数杂草和昆虫。谁能相信在地球表面上撒放有毒的烟幕弹怎么可能不给所有生命带来危害呢？它们不应该叫做“杀虫剂”，而应称为“杀生剂”。

《寂静的春天》封面

使用药品的整个过程看来好像是一个没有尽头的螺旋形的上升运动。自从DDT可以被公众应用以来，随着更多的有毒物质的不断发明，一种不断升级的过程就开始了。这是由于根据达尔文适者生存原理，昆虫可以向高级进化以获得对所使用的特定杀虫剂的抗药性，此后，人们不得不再发明一种致死的药品，昆虫再适应，于是再发明一种新的更毒的药。这种情况的发生同样也是由于后面所描述的这一原因，害虫常常进行“报复”，或者再度复活，经过喷撒药粉后，数目反而比以前更多。这样，化学药品之战永远也不会取胜，而所有的生命在这场强大的交叉火力中都被射中。

……

这一切并不是说就没有害虫问题和没有控制的必要了。我是在说，控制工作一定要立足于现实，而不是立足于神话般的设想，并且使用的方法必须是不要将我们随着昆虫一同毁掉。

——《寂静的春天》

习得与领会

农药是用于防治农作物病虫害、消除杂草、消灭动物体内外寄生虫和调节植物生长的药剂，它在农牧业生产以及人类传染病的预防和控制等方面起着极为重要的作用。按照来源，农药可以分为：矿物（源）农药、化学合成农药和生物（源）农药。生物（源）农药是指利用生物本身或其代谢的产物生产的具有防治危害农林牧业生产的有害生物、调节植物生长及可以给农产品保鲜的药剂。

一、生物农药的分类

1. 微生物活体农药

微生物活体农药是指用能使有害生物致病的微生物活体所制成的农药。根据微生物的种类不同，它们可以分为真菌类农药、细菌源农药和病毒类农药等。它们常被用来杀虫、除草、杀鼠、调节植物生长等。苏云金芽孢杆菌是目前世界上用途最为广泛的微生物活体农药。

2. 抗生素类生物农药

抗生素是细菌、真菌等土壤微生物产生的天然化合物，也容易被土壤微生物分解。将这种物质加工成可直接使用的形态，就是农用抗生素。我国农用抗生素的研究始于20世纪50年代，是农用抗生素的生产和应用大国。阿维霉菌、井冈霉菌、赤霉素、浏阳霉素等已经在我国实现产业化生产。

3. 植物源农药

植物源生物农药是通过提取植物中对农作物害虫有作用的成分而研制出的一类天然源的生物农药。有的植物源生物农药可以同时抑制多种病原菌和杂草的生长。目前研究最成功的是印楝素、苦参碱、鱼藤酮、烟碱和除虫菊素等，这些植物源农药在我国农业生产实践中已得到了广泛的应用。

4. 动物体农药

主要通过利用天敌昆虫灭杀害虫。常用的动物有赤眼蜂、丽蚜小蜂、草蛉、瓢虫、螳螂等，广泛应用于果园、温室田野中。有些动物体农药是对害虫进行生物技术改造，例如将不育基因导入害虫雌虫体内培育不育雄虫等。目前世界上规模较大的天敌昆虫生产公司已有80多家，可以商品化生产的天敌昆虫多达130种。

二、生物农药的推广和使用

由于21世纪环境意识的增强，化学农药的负面作用日益受到人们重视，国家有关部门已将食品中的化学污染视为“21世纪的重点食品污染问题”，农药高残留不仅危害国人健康，而且严重地削弱了我国农产品及食品的国际竞争力。

生物农药因为低毒素、低残留、不容易产生抗药性而成为农药产品发展的新方向。20世纪70年代，国际上开始关注生物农药的研发，生物农药的开发依托丰富的生物资源。目前已经发现可用于防治病、虫、草害等更具有农药作用的细菌、真菌、病毒、线虫等2 000余种，植物4 000余种，抗生素100余种。

从1992年开始在全球范围内就明确要求控制化学农药的销售和使用。美国、英国、日本、巴西等国家均已下令逐步取缔化学农药。2007—2012年，全球生物农药市场以每年27%的增长率迅速增长，欧洲和拉丁美洲市场是生物农药增长最快的地区。专家预计2020年全球生物农药终端市场的预测市值可以达到28亿美元。

我国是一个农业大国，每年农作物发生病虫草害面积大约4亿hm^2，每年需要生产

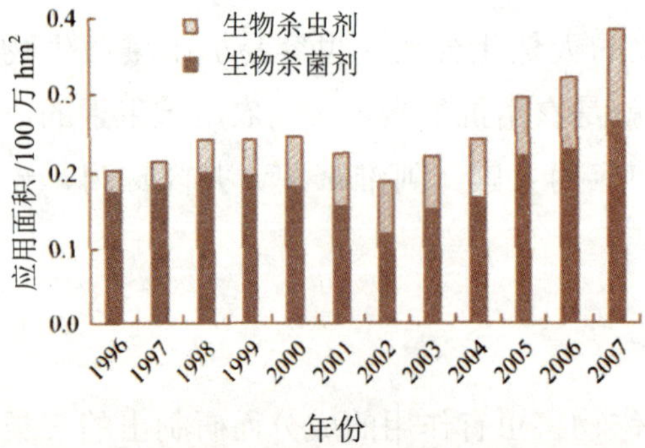

1996—2007年我国农田生物农药应用面积

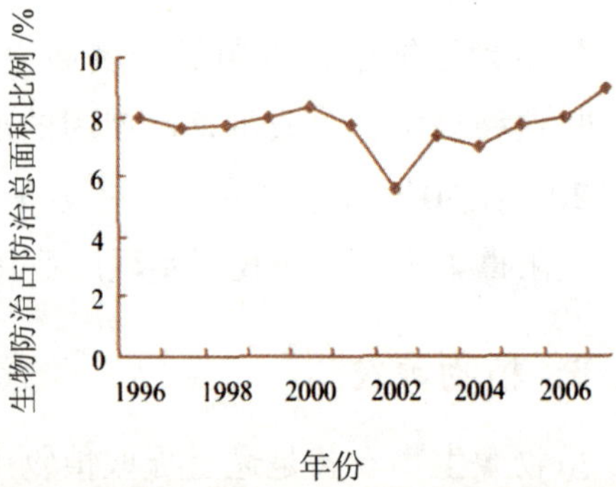

1996—2007年我国农作物生物防治占防治总面积的比例

和使用大量农药。如上图所示，1996—2007年，我国农田生物农药的使用面积逐年上升，使用的生物农药以生物杀菌剂为主，生物杀虫剂的使用量逐渐上升。截至2010年3月，我国的生物农药产品总数占总农药产品的10%。生物农药的年产量达13万t，占总农药产量的9%，年产值约30亿元人民币，应用面积占总农药应用面积的10%。

为了鼓励生物农药的发展，我国政府把生物农药列为高新技术产品，生产企业可以享受税收减免、贴息和低息贷款等优惠政策。农业部对生物农药的发展采取了相应的支持政策，化学农药残留物受到严格监控，对各地蔬菜水果生产和销售进行严格管理。因此，生物农药以年销售额10%～20%的增长速度迅猛发展。

思考与行动

绿色防控如何叫得响、推得开

“真是没想到，不用以前的老办法打农药，只用赤眼蜂、杀虫灯和生物农药，就能防得住玉米螟！”从最初的将信将疑到现在的深信不疑，辽宁省新民市于家窝堡乡老窝堡村的村民们经历了不小的转变。1万亩的绿色防控核心示范区内，有序排列的杀虫灯像哨兵一样守卫着这片玉米地。

看得到的成效让老窝堡村村民转变了观念，从被动接受逐渐转变为主动应用，从传统的打药防虫转变为生物防虫。据介绍，辽宁省2014年水稻和玉米病虫害绿色防控面积有望达到2 000万亩，比2010年增加了4～5倍。这其实是全国绿色防控技术示范推广的一个缩影。

绿色防控的好处不必多说。近年来，老百姓对吃得健康提出越来越高的要求，农产品农药残留超标问题受到广泛关注。有的地方过分依赖化学农药的使用，导致病虫抗药性上升，防治效果下降，农业面源污染加剧，生物多样性也遭到破坏。转变传统的防控方式，大力推广绿色防控技术，从生产过程控制农药和有害生物毒素残留，可以说是促进农产品质量安全和生态环境安全的有效途径。

虽然绿色防控已经大面积推广，但与中国18亿亩耕地的数字相比，我国绿色防控的推广面积还很有限。在一些地方面临着“叫得响，做得少”的尴尬境地，查阅相关资料，说明为什么会存在这种现象呢？

百草枯面临停产，价格疯涨

百草枯目前是全球用量第二大的除草剂，进入中国市场已30余年，目前主流产品剂型为水剂。百草枯是一种快速灭生性除草剂，具有触杀作用和一定内吸作用。百草枯是非选择性、无残留灭生性除草剂，能迅速被植物绿色组织吸收，使其枯死。

2012年4月，农业部、工信部与国家质检总局联合发出公告称，2014年7月1日停止生产百草枯，2016年7月1日停止销售和使用百草枯。在百草枯将被禁用之前，2013年百草枯价格却发生了爆发式的增长，从2013年年初的1.5万元/t到年底的3.1万元/t，涨幅高达87.5%。

此轮涨价受到诸多因素的影响，其中生产厂家被限制生产数额，经销商大量囤积农药产品，都导致市场上产品供不应求，致使百草枯农药价格上涨。

（1）一些投资者认为百草枯价格仍然有上涨空间，值得投资。你同意吗？
（2）一些人认为百草枯水剂虽然被禁用，但是可以做成可溶性颗粒，继续使用。请评价这种观点，说说你的看法。

第七课　粮食与科技

民以食为天，粮食问题一直是世界各国瞩目的焦点。1945年10月16日，联合国粮食及农业组织成立，它的主要目的是提高人们的营养水平和生活标准，确保提高食品和农产品的产量，改进它们的分配。1996年11月，186个国家正式通过了罗马宣言和世界粮食大会行动计划。联合国粮食及农业组织的首要目标就是要帮助人们消除饥饿、粮食不安全和营养不良。

根据联合国粮食及农业组织的统计，2013年中国营养不良的人口达到1.58亿，约占总人口的11%。想解决粮食问题，必须依靠科技提高粮食的生产力，还需要依靠国际和区域合作，以及相关政策和法规支持。

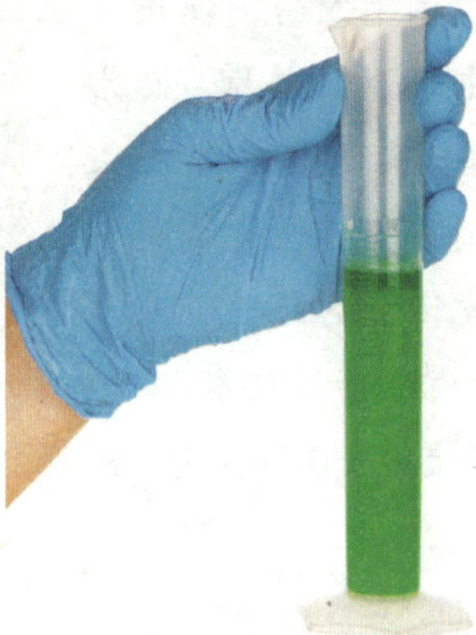

组织培养技术培育植物

预习探究

（1）通过查阅资料，列出1～2个遭受饥饿危险最严重的国家。

（2）关注“光盘行动”公益活动，观察和调查你身边浪费粮食的现象。

（3）访问中国农业博物馆的网址（www.zgnybwg.com.cn/gb1/index.html），在“三维全景”模块中参观“中国农业科技十年发展成就展”列出的五项科技成就。

目标

- 理解世界还有众多人口处于饥饿和营养不良状态，体会粮食的来之不易；
- 理解科技与粮食生产的关系。

参与与展示

讨论会：关于杂交水稻

成熟的水稻和水稻收获

（1）谈谈水稻在粮食中的地位。

提示：目前稻米是世界上大约30亿人的主要食物，水稻作为我国第一大粮食作物，对我国粮食安全作出了巨大贡献。

（2）讲一讲你通过报纸、电视等新闻媒体了解的袁隆平，他的主要贡献是什么？

提示：袁隆平院士开创了水稻育种的新历史，被称为“杂交水稻之父”。他从1964年开始研究水稻杂种优势利用，1976—2002年，我国累计种植杂交水稻45亿亩，帮助农民增收稻谷4亿t。我国的杂交水稻技术还辐射到世界40多个国家和地区，为世界粮食生产作出了重大贡献。2004年10月14日，袁隆平被授予农业领域的最高荣誉——世界粮食奖，以表彰他的卓越成就。

（3）什么是杂交水稻技术？

提示：杂交水稻的产量较大，但水稻是自花授粉植物，雄蕊雌蕊都在一朵花里面，很难进行杂交。袁隆平最先发现了水稻雄性不育株，以此培养了一种特殊的水稻品种——雄花退化的雄性不育系，这种水稻没有花粉，只能依靠其他水稻的花粉进行杂交，水稻产量明显提高。

习得与领会

一、科技发展与农业

“精耕细作”自古以来就是中国人秉承的农业传统。从宋朝开始，稻米成为了中国人的主要粮食作物。勤劳聪慧的先辈利用中国的气候特点，种植单季、双季，甚至三季水稻，灵活地利用水热资源，将密集的劳动力投入土地中，以最大限度地提高粮食产量，满足不断增长的人口需求。

机械化农业大大地提高了农业劳动生产率，翻耕机、喷药机、施肥机、播种机、收割机等被投入农业生产中，大量的劳动力从土地中解放出来，从事工业和服务业。为了提高粮食产量，机械化农业依靠大量施用化肥和农药来达到提高作物产量的目的。机械化的投入和农药化肥的使用带来了许多问题：土地压实、水土流失、土壤板结和肥力下降、地下水及地表水污染、农产品品质下降等。这种农业资源与生态环境的矛盾促使科学家和农民努力寻求一种在维持并提高农业产量的同时，又能有效利用有限资源、保护农业生态环境的可持续发展农业新模式。

食品加工

机械化农业生产

20世纪90年代以来，随着全球定位系统（GPS）、地理信息系统（GIS）、农业应用电子技术和作物栽培有关模拟模型，以及生产管理决策支持系统（DDS）技术研究的发展，精准农业（Precision Agriculture）已成为合理利用农业资源、提高农业作物产量、降低生产成本、改善生态环境的一种重要的现代农业生产形式。精准农业的核心是利用现代信息感测技术，实时获取各种农田信息，根据其空间差异分成小的生产单元，通过多种农业信息处理技术分别处理，诊断其差异产生的原因，从而确定各生产单元所需生产要素如水、肥、药等的投入量与投入时间，实现精确作业。与传统农业相比，精准农业的主要特点是能精确预测各生产单元所需生产要素的量与投入时间，按需定点定量投入，降低生产成本，减少环境污染，达到经济效益、社会效益和生态效益的同步增长，因此被认为是实现农业可持续发展的重要途径之一。

案例

小汤山国家精准农业科普教育基地

小汤山国家精准农业研究示范基地是我国第一个精准农业技术研究试验示范基地，2002年10月竣工完成，占地2 500亩，总投资5 209万元。该基地建立了以3S技术为核心和以智能化农业机械为支撑的节水、节肥、节药、节能的资源节约型精准农业技术体系。

小汤山基地分成四大试验区：①大田精准生产试验示范区；②设施精准生产试验示范区；③果园精准生产试验示范区；④精确灌溉试验区。小汤山修建了农药喷洒试验平台，研究水分蒸散的中型蒸渗仪24座，大型蒸渗仪1座，能够进行环境自动监控的智能温室16栋。可以看到各种现代化的农业机械在GPS导航下精细地完成作业，甚至可以看到智能机器人做植物的嫁接和移栽。

在小汤山160m²的多媒体演播大厅，如果戴上立体眼镜，就可以开始虚拟观光之旅。所有的景物都是以1∶1的比例还原模拟的。可以自行选择观光季节，在同一天中看到四季的风景。

小汤山的番茄栽培技术

温室大棚自动灌溉技术

二、我国的粮食问题需要科技来解决

我国不断增长的人口和不断下降的人均耕地面积使得中国的粮食问题备受质疑。20世纪90年代美国人布朗察觉到我国的粮食危机并发出悲观的质疑：21世纪谁来养活中国人？为了解决中国的粮食危机，1989年国务院颁发了一条法规，制定了我国科技兴农的农业发展战略。从此之后农业、农民和农村的“三农”问题就一直是国家持续关注的重点。

2000年以来，以袁隆平、李振声为代表的我国育种专家用事实回答了国际社会的疑问。我国水稻育种已处于世界领先地位。从1996年第一个超级稻品种诞生到现在，超级稻品种已达83个，种植面积过亿亩。仅“十一五”期间，超级稻品种累计推广4.14亿亩，占同期水稻种植面积的20.2%，平均亩产达到575.2 kg，每亩增产67.9 kg，累计增产稻谷561.9万 t。李振声开创并培育的小麦新品种已成为我国小麦育种的重要骨干亲本，是我国北方麦区的两个主要优质源之一，其衍生品种已达79个，累计推广 3 亿多亩。伴随着一个个重大成果的取得，我国的粮食生产实现了“八连增”，年产量稳定在5亿 t 以上。这足以证明，我们不但能以有限的耕地实现粮食自足，而且能为世界粮食安全作出应有的贡献。

三、在建设农业生态文明中发展现代农业

农业生态文明建设是生态文明建设的重要组成部分，党的十八大将生态文明建设纳入“五位一体”中国特色社会主义总体布局，将生态文明建设提到了前所未有的高度。建设农业生态文明，要从实施六大行动着手。

一是实施每亩耕地“少施一斤化肥”行动，减少氮、磷流失污染。推广测土配方施肥，根据作物需肥规律、土壤供肥性能和肥料效应，有针对性地施肥，可以在节省氮磷化肥投入量的同时提高产量。

二是实施“少打一次农药”行动，开展农作物病虫害绿色防控。一方面加强市场监管，全面禁止高毒、高残留农药在蔬菜水果上使用。开展农药市场检查，针对高毒、高残留农药蔬果进行立案查处。另一方面大力实施“绿色植保工程”，建设绿色防控技术示范区，专业化防治病虫害。

三是实施“江河限捕、水库限养、湖泊拆围、鱼池升级”行动，规范淡水养殖业，改造精养鱼池，修复水域生态环境。

四是实施“畜禽养殖场标准化提升”行动，畜禽养殖场需配备较完善的粪污处理设施设备和污水深度处理设施。

五是实施“清洁能源入户”行动，修建小型沼气工程，为农户提供清洁能源，促进农村废弃物综合利用。

六是实施“创建美丽乡村”行动，加强田园生态型村落建设。充分发挥组织协调、资源整合优势，重点解决“三废”污染和人居环境恶劣等问题，推进农村垃圾、污水、粪便的资源化利用，改善农村人居环境。

思考与行动

安义县：土地流转的“生金样本”

几场春雨过后，江西省安义县东阳镇广袤的田地就呈现出勃勃生机。一家蓝莓公司的种植基地种下一批蓝莓树苗，大片的高丛蓝莓、矮丛蓝莓、兔眼蓝莓等苗木长势喜人，放眼望去一片绿意。

“再过几个月，这些蓝莓就该挂果啦！一斤就要卖到上百元哦。”蓝莓发展有限公司的技术总监欣喜地说：“江西真是种蓝莓的好地方啊！雨水多、空气好，土壤和水质都非常适合蓝莓生长，生长期要比北方短不少。”可没有人会想到，这片蓝莓种植的“风水宝地”，两年前在当地农民眼中只是一片毫不起眼的荒山滩涂，几乎从未长出过任何经济作物。

从荒山到蓝莓遍野其实只花费了两年的时间。蓝莓公司曾经考察过安义县，准备投资种植蓝莓，但没有大片的土地，计划只能搁浅。自从农村土地流转合作社成立后，镇政府帮助蓝莓公司成功流转1 600亩土地种植蓝莓，通过实施有机栽培、物理施肥等现代农业技术，曾经贫瘠的土地变成了目前全省数一数二的蓝莓种植基地。基地形成规模后，每年将产生上亿元的利润。

土地流转是指土地使用权的流转，农户将土地的使用权转让给其他农户或合作社等经济组织。土地使用权的转让方式包括：转包、转让、入股、合作、租赁、互换等。试说明土地流转合作社的成立和现代农业技术的推广有什么关系？

模块四　可持续发展与消费

第八课　生态农业

农田

农业的发展已约有1万年的历史，经历了原始农业、传统农业和现代农业的发展阶段。漫长的农业发展史支撑着人类的文明和发展，然而人们囿于认识的局限和迫于人口增长的压力，做了不少违背客观规律的事情，以牺牲资源和环境为代价谋取发展，受到了大自然的惩罚。尤其是进入现代农业，即“石油农业”阶段之后，资源破坏、环境污染、人口膨胀、粮食紧张、能源短缺已构成全球性的生态危机，使农业的发展陷入新的困境。近半个世纪以来，人们为了摆脱困境，先后提出了“有机农业”（美国等）、“生物农业”（西欧各国）、“经久农业”（美英及第三世界国家）、狭义“生态农业”（欧美及亚洲国家）等，以积极探索农业发展的新途径。“生态农业”汲取了传统农业与现代农业的精华，在不断提高生产率的同时，保障生物与环境的协调发展，是高效、稳定的新型农业生产体系，具有强大的生命力和广阔的发展前景。

预习探究

（1）按农业发展的3个不同阶段将全班分成原始组、近代组和现代组3个小组；

（2）请3个小组搜集材料，分别整理本组农业发展的特点和利弊；

（3）请讨论哪种农业模式与生态环境的关系更融洽。

目标

- 比较生态农业模式与传统农业生产的区别；
- 了解生态农业的类型和特点。

参与与展示

活动：生态农业模式展示与讨论

1．“四位一体”生态农业模式

“四位一体”的绿色蔬菜生产大棚

“四位一体”生态农业模式是在自然调控与人工调控相结合的条件下，利用可再生能源（沼气、太阳能）、保护地栽培（大棚蔬菜）、日光温室养猪及厕所4个因子，通过合理配置形成以太阳能、沼气为能源，以沼渣、沼液为肥源，实现种植业（蔬菜）、养殖业（猪、鸡）相结合的能量流、物质流良性循环系统，这是一种资源高效利用、综合效益明显的生态农业模式。运用本模式，冬季北方地区室内外温差可达30℃以上，温室内的喜温果蔬正常生长，畜禽饲养良好，沼气发酵安全、可靠。

基本要素：建一个坐北朝南、200～600 m^2的日光温室；温室内部西侧、东侧或北侧建一个20 m^2的畜禽舍和一个1 m^2的厕所；畜禽舍下部为一个6～10 m^2的沼气池。

核心技术：沼气池建造及使用技术；猪舍温度、湿度调控技术；猪舍管理和猪的饲养技术；温室覆盖与保温防寒技术；温室温度、湿度调控技术；日光温室综合管理措施；等等。

讨论：“四位一体”生态农业模式与传统农业生产的主要区别有哪些？“四位一体”生态农业模式通过什么环节解决了哪些环境问题？“四位一体”生态农业模式在推行中可能会遇到哪些困难？解决这些困难的途径有哪些？

2．中部地区生态果园的沼气系统

中部地区属温带大陆性季风气候，年平均温度15℃左右，年均降水量600 mm以上，年均日照时数为2 500 h左右，日照充足，具有发展苹果种植业的自然优势和条件。

依据农业生态学、经济学、能量学原理，从中部地区实际出发，提出中部地区生态果园新模式。该模式是以农户土地资源为基础，以沼气为纽带，以太阳能为动力，以牧促沼、以沼促果、果牧结合，建立起的生物种群互惠共生、食物链结构健全、能量流和物质流良性循环的生态果园系统，充分发挥果园系统内的动植物及光、热、气、水、土等环境因素的作用，实现生态果园的产业化和农业的可持续发展。中部地区生态果园系统的基本结构如右图所示，其主要以一个面积为0.3hm²的成龄苹果园为基本生产单元，在果园中修建一座带有沼气池、太阳能日光温室和微型地炕的生态型猪舍（10～20 m²）、一眼水井或蓄水窖（20～40 m³）、一幢小型的简易看护房。

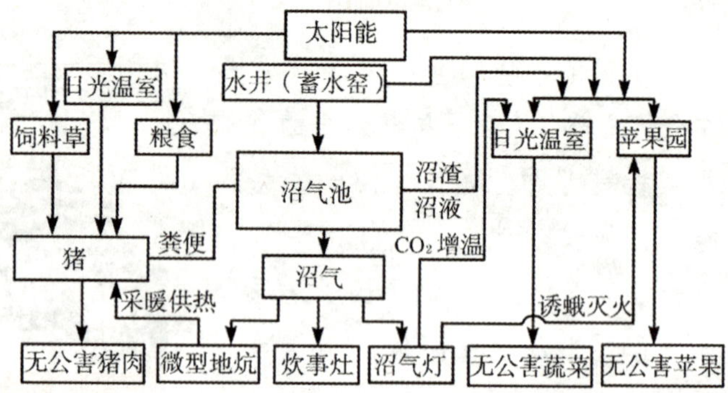

中部地区生态果园系统的基本结构

讨论：参照中部地区生态果园系统的基本结构示意图，分析其物质流和能量流的特点。

3．南方“猪—沼—果”生态模式及配套技术

该模式利用山地、农田、水面、庭院等资源，采用“沼气池、猪舍、厕所”三结合工程，围绕主导产业，因地制宜开展“三沼”（沼气、沼渣、沼液）综合利用，从而达到对农业资源的高效利用和生态环境建设、提高农产品质量、增加农民收入等效果。工程的果园（或蔬菜、鱼池等）面积、生猪养殖规模、沼气池容积必须合理组合（如右图）。

基本要素：“户建一口池，人均年出栏两头猪，人均种好一亩果。”

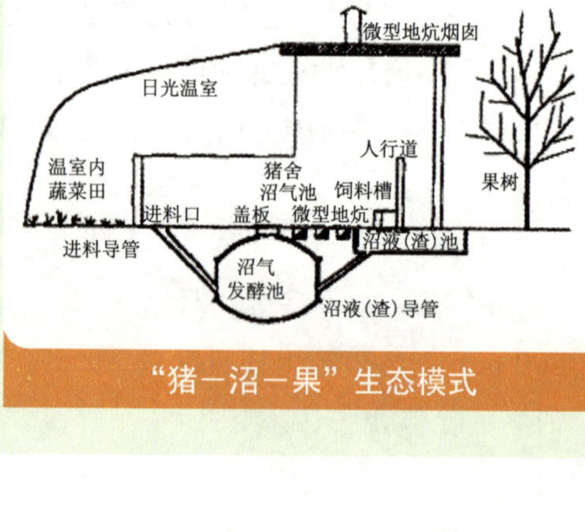

“猪—沼—果”生态模式

运作方式：沼气用于农户日常做饭点灯，沼肥（沼渣）用于果树或其他农作物肥料，沼液用于拌饲料喂养生猪，果园可以套种蔬菜和饲料作物，从而保证了育肥猪的饲料供给。农户除养猪外，还包括养牛、养鸡等养殖业；果业也可包括粮食、蔬菜、经济作物等种植业。

核心技术：养殖场及沼气池建造、管理技术，果树（或蔬菜、鱼池等）种植和管理等。

讨论：这种农业模式能不能和鱼塘、畜牧业结合起来发展？你的家乡适不适合发展这种农业类型？

习得与领会

一、什么是生态农业

生态农业是指在环境与经济协调发展思想的指导下，按照农业生态系统内物种共生、物质循环、能量多层次利用的生态学原理，因地制宜地利用现代科学技术与传统农业技术相结合，充分发挥地区资源优势，依据经济发展水平及“整体、协调、循环、再生”原则，运用系统工程方法，全面规划、合理组织农业生产，实现农业高产、优质、高效、持续发展，达到生态系统、经济系统“两个系统”的良性循环和经济效益、社会效益、生态效益“三个效益”的统一。

二、生态农业模式类型

1．时空结构型

这是一种根据生物种群的生物学、生态学特征和生物之间的互利共生关系，合理组建的农业生态系统，使处于不同生态位置的生物种群在系统中各得其所，相得益彰，更加充分地利用太阳能、水分和矿物质营养元素，是在时间上多序列、空间上多层次的三维结构，其经济效益和生态效益均佳。具体有果林地立体间套模式、农田立体间套模式、水域立体养殖模式、农户庭院立体种养模式等。

2．食物链型

这是按照农业生态系统的能量流动和物质循环规律而设计的一种良性循环的农业生态系统。系统中一个生产环节的产出是另一个生产环节的投入，使得系统中的废弃物多次循环利用，从而提高能量转换率和资源利用率，获得较大的经济效益，并有效地防止农业废弃物对农业生态环境的污染。具体有种植业内部物质循环利用模式、养殖业内部物质循环利用模式、种养加三结合的物质循环利用模式等。

3．时空食物链综合型

这是时空结构型和食物链型的有机结合，使系统中的物质得以高效生产和多次利用，是一种适度投入、高产出、少废物、无污染、高效益的模式。

三、生态农业的特点

1．综合性

生态农业强调发挥农业生态系统的整体功能，以大农业为出发点，按“整体、协调、循环、再生”的原则，全面规划，调整和优化农业结构，使农、林、牧、副、渔各业和农村第一、第二、第三产业综合发展，并使各业之间互相支持，相得益彰，提高综合生产能力。

2.多样性

生态农业针对我国地域辽阔，各地自然条件、资源基础、经济与社会发展水平差异较大的情况，充分吸收我国传统农业精华，结合现代科学技术，以多种生态模式、生态工程和技术类型发展农业生产，使各区域都能扬长避短，充分发挥地区优势，各产业根据社会需要与当地实际协调发展。

河南新乡黄河滩区农民利用农机粉碎秸秆还田施肥

3. 高效性

生态农业通过物质循环、能量多层次综合利用和系列化深加工，实现经济增值。实行废弃物资源化利用，能够降低农业成本，提高经济效益，为农村大量剩余劳动力创造农业内部就业机会，保护农民从事农业的积极性。

4. 持续性

发展生态农业，能够保护和改善生态环境，防治污染，维护生态平衡，提高农产品的安全性，使农业和农村经济可持续发展。将环境保护同经济发展紧密结合起来，在最大限度地满足人们对农产品日益增长的需求的同时，提高生态系统的稳定性和持续性，增强农业发展后劲。

秸秆利用和生态农业发展

1999年，农业部开始在全国推广农作物秸秆还田技术，其中河南省是重点省份之一。秸秆还田有效杜绝了秸秆焚烧所产生的大气污染，同时还能改善土壤结构，使土壤疏松，孔隙度增加，土壤肥力增加。化肥用量将减少1/3以上。

河南省平舆县大力推行秸秆利用。一是使用秸秆粉碎机将秸秆粉碎后均匀抛撒在地面上，在玉米种植时采用免耕覆盖施肥播种技术，与传统玉米耕作相比更加省时省力；二是使用秸秆作为材料，生产餐具、家具甚至建材，使用可降解的秸秆代替塑料制品，更加环保；三是将秸秆加工成饲料用于畜牧业，以缓解冬春两季畜牧业草料的缺乏。

2013年5月14日，国家发改委下发了《关于加强农作物秸秆综合利用和禁烧工作的通知》，该通知要求采取“疏堵结合”“以用促禁”的方式加强农作物秸秆管理，并加大对农作物收获及秸秆还田收集一体化农机的补贴力度。秸秆如何进行大规模收集、储运，一直是以农业废弃物为原料的生物质能源企业面临的难题。大量秸秆被农户就地焚烧不仅仅带来严重的大气污染，也给生物质能源企业的原料供给造成较大困难。该通知的颁布将有利于秸秆收集常规化、规模化。

思考与行动

（1）生态农业如何给宁德带来变化？（2）结合你所在地方的地理条件，考虑其能不能发展生态农业？如果你所在的地方已经发展了生态农业，请简要评价其生态农业的发展情况，并给出建议。

生态农业给宁德带来的变化

宁德位于闽东山区，背山面海，海岸线长达千里，坐拥深水良港，物产丰饶，却曾经是全国18个连片贫困地区之一。2000年，宁德终于建成了高速公路。2009年，宁德正式跨入高铁时代，宁德农业也从较为封闭的传统农业慢慢向生态农业转变。赤溪村原先13个村分散在各处山头，人均收入不足200元；现在村民都从高山上搬下来，靠养殖业、生态农业和生态旅游业致富，人均收入超过1万元。现在宁德有11个千亩高优农业示范园，带动农户65.2万户，完成产值266.44亿元。“闽东大黄鱼”“古田银耳”“福鼎白茶”都是宁德的农业品牌。

宁德人坚信：“宁可少一点，也要实一点、好一点、环保一点。”今天的宁德森林覆盖率达66%，空气优良，拥有省级以上生态乡镇75个，市级以上生态村1 237个。

——摘自《人民日报》2014年03月16日01版

第九课　绿色壁垒

港口的集装箱装运

一直以来，我国大宗产品的外贸竞争主要依靠廉价劳动力的优势；许多国家对我国产品的限制与打击常常采用关税壁垒的办法。加入世界贸易组织后，贸易壁垒的逐步取消一度让国内很多行业和企业非常乐观，特别是一些产品出口量大、对外依存度高的行业和企业，天真地认为我们的产品从此可以长驱直“出”。然而，绿色贸易壁垒的出现和不断扩展，导致我们的产品出口受到更大的限制。环保“软肋”一被击中，我国产品原有优势的发挥就受到很大牵制。

预习探究

（1）请你查阅全国或所在省的外贸出口统计资料，了解我国农产品的主要出口种类和主要出口国家，分析近年农产品的贸易趋势。（提示：可以访问国家统计局官网，获取相关数据。）

（2）查找我国进出口商品构成表，利用Excel制作近3年我国农产品出口总额的曲线图。（提示：可以访问中国海关下属的海关统计资讯网查找我国的进出口商品统计月报，获得相关数据。）

（3）搜集我国在农产品出口问题上遇到的绿色贸易壁垒，我国应对绿色贸易壁垒的方法。

目标

- 知道我国是农产品的主要出口国，了解农产品出口是我国外贸的重要组成部分；
- 搜集我国农产品出口遭遇的绿色贸易壁垒事件，认识绿色壁垒对我国农业的冲击；
- 寻找突破绿色壁垒的办法。

参与与展示

读下面的两个案例，讨论下列观点，谈谈你对这些观点的看法。

金枪鱼贸易案

案例1

金枪鱼捕捞

1988年，美国根据新修改的《海洋哺乳动物法案》宣布禁止进口墨西哥金枪鱼。其理由是：美国认为在东太平洋海域，海豚处于濒危状态，应停止在该地带用大型渔网进行捕鱼活动，因为这些大型渔网在捕捞金枪鱼的同时捕捞了海豚。这项限制对墨西哥捕鱼业影响极大，墨西哥提出上诉，认为美国的这项措施是贸易保护主义行为，因为对比多年来渔船捕杀的海豚数量，美国远多于墨西哥。从此，墨西哥与美国展开了一场贸易之争，这就是著名的以保护环境为名，设置贸易壁垒的“金枪鱼贸易案”。

鳗鱼寒冬

案例2

烤鳗鱼

福建省福清市是我国鳗鱼养殖的发源地，鼎盛时期有鳗鱼养殖场500多家，烤鳗加工厂12家，福建省鳗鱼出口量占全国的40%。鳗鱼主要进口国是日本，日本自古就有食用鳗鱼的传统。从20世纪90年代起，我国鳗鱼养殖业快速发展，中国鳗鱼在日本市场的占有率从1990年的15%上升到1999年的90%。

2003年日本政府以《食品卫生法》修订案为依据，开始在农业化学品残留管理中引入《肯定列表制度》，从2006年5月29日正式施行《食品中残留农业化学品肯定列表制度》，该制度明确制定了进口食品及农产品中可能出现的734种农药、兽药和饲料添加剂等5万个暂定标准。中国鳗鱼出口受此制度的影响下滑严重，2000年对日烤鳗贸易额为7.24亿美元，到2008年贸易额就仅为2.11亿美元，降幅达到70.8%。2000年中国烤鳗出口日本需要检测两项药物残留量，2008年需要检测119项药物残留。

观点1：美国、加拿大、澳大利亚和法国都是主要的农产品出口国，它们的技术领先于中国，产品质量符合国际标准。中国农产品比不过它们，只好自己生产自己吃。

观点2：绿色壁垒也有一定好处，它逼迫中国的农业技术迅速发展创新，只要达到国际先进水平，既可以突破绿色壁垒，也可以更好地保护中国的环境。

观点3：我国农产品生产都是农民小规模生产，很难使用先进的技术，突破绿色壁垒有很大的难度。

观点4：发达国家的农产品进口限制层出不穷，我国需要建立专门网站和机构来翻译、研究这些政策，这样农民和企业才能知道如何避免产品被退货。

观点5：只有发达国家能对发展中国家设置绿色壁垒，发展中国家没有办法设置绿色壁垒。

习得与领会

一、绿色壁垒的定义

绿色壁垒，又称环境壁垒，是指在国际贸易领域中，一些国家凭借其科技优势，以保护环境和人类健康为目的，通过立法或制订严格的强制性技术法规，对国外商品进行准入限制的贸易壁垒。主要表现为绿色技术标准、环境标志和认证制度、绿色包装制度、绿色卫生检疫制度、绿色补贴等。

世界贸易组织在《技术性贸易壁垒协议》（TBT）中规定："任何国家都可以在其认为适当的范围内采取必要的措施保护环境，只要这些措施不致在具有同等条件的国家之间造成任何不合理的歧视，或成为对国际贸易产生隐蔽限制的一种手段。"同关税贸易壁垒相比较而言，绿色壁垒披着合法形式的外衣，使用更为隐蔽的手段，加强技术上的保护力度，略带歧视性地保护着本国市场。

二、绿色壁垒的主要内容

1. 绿色标准

是指发达国家（或地区）根据本国（或本地区）技术水平制定的，具有法律效应的，以限制其他国家的商品进口，从而保护国内市场的一种技术标准。这些标准都是根据发达国家生产和技术水平制定的，对于发达国家来说，是可以达到的，但对于发展中国家来说，想达到必须付出很大成本。

2. 绿色检疫检验

自《实施卫生与动植物卫生措施协议》颁布后，世界贸易组织鼓励各国广泛采取绿色检疫检验措施，以保证人类健康不会因进口的动植物所带的病菌而遭受损害。发达国家在这一方面严格把关，主要表现在农药残留和污染超标等指标检测上。目前发达国家对农药残留量的检测种类高达427种，日本更设定了1万多个农药残留标准。发展中国家由于受技术、资金等条件限制，产品很难达到标准，因此给产品出口造成很大影响。

3. 环境标志和认证制度

环境标志是类似于食品安全认证的一种标签，在产品质量符合标准和生产流程中不危害环境的基础上，经检验不损害人体健康和自然环境，才可以在产品和包装上加以标注。它是发展中国家的产品顺利进入发达国家市场的绿色通行证。

2002—2012年我国农产品出口统计

年份	农产品出口额/亿美元	增幅/%
2002	180.2	12.6
2003	212.4	17.8
2004	230.9	8.71
2005	271.9	17.7
2006	310.3	14.6
2007	366.2	18
2008	405.0	9.4
2009	392.1	–3.2
2010	494.1	26
2011	607.5	23
2012	632.9	4

三、我国农产品出口遭遇绿色壁垒的现状

我国农产品出口额在波动中呈上升趋势，2006年受到日本《食品中残留农业化学品肯定列表制度》的影响，各口岸出口产品屡遭退运，仅此年我国农产品出口额就损失了80亿美元，我国农产品出口严重受挫。2008—2009年受国际金融危机影响，出口增幅大幅度下降。在2011年的中国进出口商品交易会（简称广交会）上，许多农产品参展商表示，由于越来越严格的检验检疫标准，厂商正在考虑放弃部分欧盟市场。

仅2012年，中国出口就遭受到了72起贸易调查。我国农产品质量不过关是出口产品遭退运的首因，主要体现在产品加工程度、农药残留等方面达不到国际市场要求。我国出口企业的生产条件远远不及发达国家水平，农产品质量和安全难以得到保障。

中国是世界上最大的蜂蜜生产国，依靠价格竞争优势，也曾经是世界上最大的蜂蜜出口国。日本、欧盟、美国等地区是我国蜂蜜的主销市场，中国每年出口蜂蜜约10万t；然而从2002年开始，日本、欧盟和美国设立了蜂蜜检测标准，以抗生素残留量超标为由限制中国蜂蜜的涌入，中国每年出口蜂蜜总量降至2万～3万t。

印度尼西亚是中国大蒜的主要进口国，而从2008年开始，我国对印度尼西亚大蒜的出口几乎处于半停滞状态，究其原因是印度尼西亚新出台了关于食品进口的规定，要求熏蒸大蒜。截至2009年年底，我国被退回了41货柜（一货柜约20t）的大蒜。蒜农的信息不畅，不能及时调整大蒜加工方式，造成了巨大的损失。

思考与行动

为农产品开通“绿色通道”

巴克图口岸是我国和哈萨克斯坦的贸易口岸，是新疆第一个农产品快速通关试点，也是我国与周边国家第一个农产品进出口快速通关通道。2014年，巴克图口岸开设了专用农产品进出口报关检查通道，贴有“绿色通道”标识。据报道，绿色通道开通仅一个月，我国出口农产品约6 400 t，货值457万美元。出口的农产品以苹果、葡萄、柑橘、橙子、番茄、黄瓜、甜椒等为主，产地以陕西、山东、江西、湖北、湖南等地为主。

（1）如何才能为我国农产品开通“绿色通道”？（2）绿色通道是中国农产品打破绿色壁垒的最佳途径吗？

打破绿色壁垒：农产品出口备案基地

截至2013年，云南省建成农产品出口备案基地582个，其中出口蔬菜、水果、茶叶、食用菌等植物源性食品备案基地534个，出口动物源性食品备案基地48个。全省备案基地面积达216.2万亩。建成了元谋县、宾川县、蒙自市、建水县、罗平县和通海县6个出口食品农产品质量安全示范区，总面积达86万亩。其中，宾川县出口食品农产品质量安全示范区获得“国家级出口食品农产品质量安全示范区”称号。

出口食品农产品质量安全示范区创建工作和出口农产品食品原料基地备案工作的持续推进开展，全面提升了云南省出口食品原料的种养科学化、规范化、标准化水平，有效地从源头上确保了云南省出口食品农产品的质量安全。2013年，云南省农产品出口额24.1亿美元，远销110多个国家和地区，继续位居我国西部省份第一位。

（1）推广农产品出口备案基地对我国农业的发展有什么影响？（2）请调查你所在的地区是否有农产品出口备案基地，如果有，基地的发展情况怎么样？如果没有，你认为当地能不能建设农产品出口备案基地？

模块五　绿色生活

第十课　食品安全

没有任何东西比食物更能把我们与地球、与地面上的江河、土壤以及它的丰收季节有力地结合在一起了。食物每天都在提醒我们与生命奇迹之间的关系。因此难怪世界上的多数宗教都要求先谢恩才开始进餐……然而人们称之为进步的东西——水电堤坝、公路、伐木事业、拓殖、现代农业等正逼着我们在食物安全问题上“走钢丝”。在各处我们正丧失着野生稻苗和历史悠久的作物。

——阿尔 · 戈尔《濒临失衡的地球》

预习探究

（1）观察日常生活中接触到的食品包装，辨认包装的食品安全标志，通过网络搜索等方法了解这些标志的含义。

（2）通过网络搜索、查阅报刊杂志等方法，了解最近几年中发生的与食品安全有关的事件，或者是自己身边的案例。

目标

- 通过对身边食品的调查，了解我们身边的食品和食品安全情况；
- 认识到食品安全的重要性。并思考为了实现食品安全，个人和社会可以做出什么努力。

参与与展示

经典赏析——《屠场》

“食品加工车间里垃圾遍地，污水横流。腐烂了的猪肉、发霉变质的香肠经过硼砂和甘油处理后再加上少量的鲜肉和着被毒死的老鼠被一同铲进香肠搅拌机……。”这样的食品制造，让人想想就恶心。这就是《屠场》所描写的20世纪初美国食品工厂的真实场景。

厄普顿·辛克莱为了亲身体验屠场的生活，特意在芝加哥屠场工作了7个星期。在屠场他亲眼目睹了肉食生产的各个工序，在1906年写出了小说《屠场》。这本书推动了美国食品安全的改革，催生了美国食品药品监督管理局。

《屠场》封面

达拉谟公司生产的罐头在国内可是响当当的产品。达拉谟公司有一些能够点石成金的能人。他们在广告上大肆宣传一种蘑菇酱，可是生产这种蘑菇酱的人竟然不知道他们所用的原料蘑菇长什么样。他们的“鸡肉酱”里的汤汁就像是通俗小报上所描绘的寄宿旅馆里提供的菜汤，也许只有一只穿着橡胶鞋的鸡在里边蹚了一下。也许，他们有一种用化学方法生产鸡汤的秘方——天知道！鸡肉酱里的固态物质就是内脏、肥猪肉、牛板油、牛心以及其他杂七杂八东西的混合物。他们把这些东西分成若干等级，以不同的价格出售。可是，这些东西都是从同一个出料口出来的。此外还有“野味酱”“松鸡酱”“火腿酱”以及“辣味火腿酱”，工人们称之为“粪味火腿酱”。它是用熏牛肉的下脚料制作的，里边还掺杂着各种用化学颜料着色的肠子、肚子、火腿和腌牛肉的残渣、带皮的土豆以及牛喉管之类的东西。他们把所有这些东西独具匠心地掺和在一起，然后加进香料，品尝起来味道还不错。据说，任何人只要能发明出一种造假的办法都会得到老达拉谟的重赏。不过，要想弄出什么新花样来实在不是一件容易的事，因为达拉谟公司有太多的“能工巧匠”，他们一直以来都在为创新而绞尽脑汁。他们希望自己饲养的牛患上结核病，因为这样的牛上膘快；他们把全国各地杂货店里卖不出去、已经发臭变酸的黄油都买回来，然后往里边压入氧气使其氧化，去除异味，再搅拌进脱脂牛奶，最后做成块状黄油在城市里销售！

——《屠场》

思考：（1）这本书描写的是食品加工厂，选段中对罐头生产的描写让人触目惊心。你觉得这些事情在真实生活中是否可能发生？食品造假会对人体产生哪些损害？（2）为什么罐头厂要在食品生产过程中造假，以次充好？（3）为什么当时没有人制止罐头厂的食品造假行为？历经一个世纪后，我国的食品加工业是否也有惊人相似的一幕？

习得与领会

一、食品安全的定义

食品安全问题源于20世纪初。100多年来，伴随食品资源的过度开发，食品的生产规模不断扩大，对生态环境造成了严重的污染，并在全球范围内造成了各种由食品安全引发的恶性事件，食品安全问题由此引起了世界各国的高度关注。

世界卫生组织1996年对食品安全给出的定义为："对食品按其原定用途进行制作和食用时不会使消费者受害的一种担保，它主要是指在食品的生产和消费过程中没有达到危害程度的一定剂量的有毒、有害物质或因素的加入，从而保证人体正常剂量和以正确方式摄入这样的食品时不会受到急性或慢性的危害，这种危害包括对摄入者本身及其后代的不良影响。"

2003年，联合国粮农组织和世界卫生组织将食品安全问题定义为："食物中有毒、有害物质危害人体健康的公共卫生问题。"

2009年2月，我国通过的《食品安全法》规定：食品安全是指食品无毒、无害，符合应当有的营养要求，对人体健康不造成任何急性、亚急性或者慢性危害。

归纳起来，国际上关于食品安全的概念是狭义的，而国内关于食品安全的定义是广义的。二者的区别在于，狭义的食品安全定义不包括对食品营养、食品卫生的规定。

二、我国主要的食品安全问题

1．化肥、农药等的残留

一些蔬菜、水果中普遍残存化肥、农药等物质。在农业生产中，一些菜农、果农为了增收往往使用高毒甚至剧毒农药来喷洒蔬菜、水果，这直接导致蔬菜、水果的农药残留量超标，这样的蔬菜、水果被消费者食用后会对身体健康造成很大危害。

2．在食品加工中超量使用食品添加剂和其他化学用品

一些企业、个体工商户受利益的驱使，在加工食品的过程中往往违规使用、超标量使用食品添加剂、抗生素、激素，甚至不惜掺加有毒有害的化学用品。

2005年爆出的“苏丹红事件”，商家为了降低成本、提高效率，使用人造化学染色剂苏丹红一号给食品上色。苏丹红具有致癌性，对人体的肝、肾等器官损害严重，全球多数国家都禁止将其用于食品生产。

2008年爆发的“三聚氰胺毒奶粉”事件，商家在奶粉中添加三聚氰胺，这种化学试剂能使食品在食品监测中表现出很高的蛋白质含量，但真实情况是食品中蛋白质含量很低。国家质量监督检验检疫总局检查通报了国内22个厂家69批次产品中均含有三聚氰胺。

养猪场为了提高效益，使用药品“瘦肉精”饲养生猪，这样每头猪可以多赚50%。然而人们食用后会出现腹痛、腹泻等中毒现象。

废旧皮鞋成为一些商家加工食品的原料。破旧皮鞋等皮革下脚料经过石灰水浸泡、熬煮，加工成工业明胶。再将这些明胶颗粒加入到酸奶、果冻中，就能保证酸奶等食品质地的坚实。

3．制造、加工食品的过程中使用劣质原料

某些公司销售的羊肉卷上印有“羊肉风味”的字样，谁也没有想到这些羊肉卷是带有羊肉味的劣质猪肉或马肉，人们食用这种假羊肉时就会摄入大量的香精，从而对人体造成伤害。“地沟油”“注水猪肉”等也属于同种食品安全问题。

我国的食品安全问题

4．食品中的重金属污染

由于受城市某些工矿企业违规排除废水

的影响，致使一些地区人畜饮用水水源和农作物灌溉水源受到很大程度的污染，主要是铅、锡、汞、锌等重金属元素过量浸入水源中去，受这些重金属污染的饮用水和农产品食品进入人体后，就会给人们的身体健康带来很大的危害。另外，一些用来盛放食品的包装纸、包装袋、不锈钢餐具等也是铅、铬、镍等重金属污染的重要来源，这些重金属物质一旦超标、超量地渗入食品中，人们食用后就会对身体健康带来很大的潜在威胁。

他山之石

国外的食品安全监督

美国：2010年8月，美国发生因沙门氏菌污染而召回5.5亿枚鸡蛋的事件，国会法律委员会因此一致同意，必须加大处罚力度，特别是对明知故犯者的惩罚。对犯罪者的指控将包括对生产者、上一级母公司和销售商的全面执法，无论哪一个环节导致食品、宠物食品和添加剂的污染、掺假和恶意误用，都将在惩罚之列。

流水线生产的鸡蛋

德国：2010年年底，德国西部北莱茵—威斯特法伦州的养鸡场首次发现饲料遭致癌物质二噁英污染，其他州相继发现受污染饲料。2011年年初，德国农业部宣布临时关闭4 700多家农场，禁止受污染农场生产的肉类和蛋类产品出售。德国监察部门对这次二噁英事件中的肇事者提起刑事诉讼，同时受损农场则拟提出民事赔偿，数额高达每周4 000万～6 000万欧元，完全可能让肇事者破产。

养鸡场例行检查

日本：2013年3月，日本爆出马肉丑闻。某马肉加工厂将原本应该加热后再食用的马肉伪造成可以生食的马肉进行销售。在烤肉店食用过生拌马肉的顾客出现呕吐症状，经诊断为出血性大肠杆菌感染。当地的保健所立即开始调查烤肉店的马肉来源，虽然在马肉加工厂内库存的马肉没有查到出血性大肠杆菌，但在该企业的发票上找到疑点，随后追踪马肉的流通过程，发现该企业曾经将32t马肉伪装成可生食的马肉进行销售。该企业当即被停业整顿，所售出的马肉也被追回。日本也拟重新修订《食品卫生法》，规范生肉的监管。

思考与行动

“镉大米”“镉蔬菜”敲响警钟

2013年3月，“镉大米”被媒体曝光，中国共有百余批大米被检测出镉含量严重超标。镉是重金属元素，水稻把土壤中的重金属从根部吸收进来，储存在稻米中，人类食用了这些大米后镉元素就会留存在人体内，可能造成肾脏的损伤和骨骼缺钙。不仅是水稻，蔬菜也一样会吸收镉元素等重金属，这种重金属污染是看不见的，也是洗不掉的。

“镉大米”“镉蔬菜”的起因都是土壤重金属污染，十多年前已经有科研团队致力于减少土壤重金属污染，希望能研发出既不影响农作物正常生产，又能治理土壤污染的修复技术。2014年3月，广东省地质局地质实验测试中心成功研制出了土壤重金属钝化剂，这种钝化剂能有效吸附土壤中的镉、铅、汞、铜、锌等重金属，降“镉”有效率达90%以上。

有人说：“中国人站着就是钢铁侠，躺下就是一张元素周期表。”在调侃的背后，留给我们的是深深的思考。请谈谈你对食品安全的看法。

转基因食品是否安全

基因是控制生物性状的最基本单位，记录着生物生殖繁衍的遗传信息。通过修改基因能改变一个有机体的部分或全部特征。转基因食品就是对动物、植物和微生物的基因加以改变，制造出具备新特征的食品种类。

当“基因”这一词语渐渐成为流行语时，颇有争议的转基因食品也摆上了老百姓的餐桌。近年来，有关转基因食品是否会对人体健康造成危害的争议日趋激烈，下面是五种相关的观点。

观点一：转基因食品是在实验室中人工制造出来的，它的安全性值得怀疑。

观点二：转基因食品问世20年多了，但尚未报道过一例食品安全事件；我国进口转基因大豆较多，据估计约有一半的大豆色拉油中含有转基因成分，也没有出现任何问题。

观点三：生产厂商需要在标牌上标明食品原料是否使用了转基因技术，消费者在知情后自己选择是否购买转基因食品。

观点四：转基因技术利大于弊，它可提高作物产量、帮助解决饥饿问题、培育出能在恶劣环境下生长并可抗御病虫害的作物新品种等。

观点五：转基因技术改变了食品的自然属性，通过转基因技术改造的农作物都发生了变异。例如，为了防治病虫害，科学家培养抗虫基因和抗菌基因，再将这些基因转移到农作物中。人类食用农产品后，这些突变基因进入人体内，可能会诱发新的疾病。另外，为了改善食物的口感，科学家将玉米的基因加入到大豆和小麦中去，对玉米过敏的人吃了转基因大豆和小麦也会发生严重的过敏反应。转基因技术的弊端不容小觑。

上述5种观点中你比较赞同哪一种？说说你对转基因食品的看法。